Rudolf Hamann

Sieben Schlüssel
der Weisheit

Gewidmet allen,
die nach Wahrheit suchen
und nach Erkenntnis streben

LEBENSKUNDE VERLAG DÜSSELDORF

© 1982 bei Lebenskunde Verlag GmbH Düsseldorf
Umschlaggestaltung: Annemarie Wehling
Gesamtherstellung: Weiss & Zimmer AG, Mönchengladbach
ISBN 3-921179-21-1

Rudolf Hamann
Sieben Schlüssel
der Weisheit

Inhalt

I

Unser ewiges Sein

Renaissance, Humanismus und Aufklärung konnten zwar den
Weg frei machen für die neuzeitlichen Natur- und Geisteswissenschaften. Sie waren jedoch nicht in der Lage, die Kernfra-
gen des überzeitlichen, individuellen Seins und das Wesen und
Wirken des Schöpfers und Lenkers des Universums befriedi-
gend zu beantworten. Dadurch bewegt sich unser Wissen notwendigerweise an der Oberfläche der Erscheinungswelt, ohne
bis zu der eigentlichen, wirkenden Kraft vordringen zu können.

Wie aus einer anderen Welt erstrahlt dagegen noch heute das
Licht altindischer Weisheit in unsere Zeit hinein und hilft dem
Suchenden, sein überzeitliches Sein zu erahnen und in den
Wandel der materiellen Erscheinungen einzuordnen. Zugleich
liegt hier auch der Schlüssel verborgen zu jener geheimen Pforte, hinter der die erhabene Gottheit wirkt, um als die lebendi-
ge Kraftquelle die große Weltenuhr mit ihren unzähligen
Sphären und Gestirnen und den darauf lebenden Geschöpfen
zu beleben und zu bewegen.

Als der hauptsächliche Bronnen des altindischen Wissens von
Gott und seiner Schöpfung kann die vor etwa 5000 Jahren nie-
dergeschriebene Bhagavad-gita (der Gesang des Erhabenen) betrachtet werden. Von diesem Buch sagt z. B. Arthur Schopenhauer: „Es ist die belehrendste und erhabendste Lektüre, die
auf der Welt möglich ist." (Parerga II)

Nach der Bhagavad-gita sind alle Lebewesen nur zeitweilige
Verkörperungen geistig-seelischer Individuen: „Die Seele ist
ungeboren, ewig, immerwährend, unsterblich" (II, 20).

„Wie allein die Sonne mit ihren Strahlen das gesamte Universum erleuchtet, so erleuchtet das Lebewesen seinen Körper mit Bewußtsein" (XIII, 34).

„Wie ein Mensch alte Kleider ablegt und neue anzieht, so gibt die Seele die alt und unbrauchbar gewordenen materiellen Körper auf und nimmt neue an" (II, 22).

Die Stufe des sittlichen Bewußtseins kennzeichnet den Grad der Selbstverwirklichung. Entsprechend der Reife des Bewußtseins verkörpert sich die Persönlichkeit im Pflanzen- oder Tierreich oder nimmt menschliche Gestalt an und befindet sich dann in der seinem früheren Verhalten entsprechenden Umgebung. Von der menschlichen Daseinsstufe aus ist die Möglichkeit gegeben, durch Gotteserkenntnis und eine demgemäße Lebensführung zur Selbstverwirklichung zu gelangen und damit von der unendlichen Kette von Geburt und Tod in der materiellen Welt Befreiung zu erlangen.

„Das Lebewesen der materiellen Welt trägt seine verschiedenen Lebensauffassungen von einem Körper zum anderen, wie der Wind Düfte mit sich bringt" (XV, 8).

„Der Mensch muß sich durch seinen Geist erheben" (VI, 5).

„Allein durch hingebungsvolles Dienen kann man die höchste Persönlichkeit (nämlich Krischna, den Herrn des Universums) verstehen. Und wenn man sich durch solche Hingabe über den höchsten Herrn völlig bewußt ist, kann man in das Königreich Gottes eingehen" (XVIII, 55).

„Ein gläubiger Mensch, der in transzendentalem Wissen verankert ist und seine Sinne beherrscht, erlangt sehr schnell den höchsten spirituellen Frieden" (IV, 39).

„Alle Planeten in der materiellen Welt — vom höchsten bis hinunter zum niedrigsten — sind Orte des Leids, an denen sich Geburt und Tod wiederholen. Wer aber in Mein Reich gelangt, wird niemals wieder geboren" (VIII, 16).

Der Weg vom zeitlich-vergänglichen Dasein in wechselnder Gestalt und auf den verschiedensten Himmelskörpern bis zu der eigentlichen Kraftquelle des Universums, dem spirituellen

Reich Gottes, ist für die meisten Menschen noch unaussprechlich lang, denn: „Unter vielen Tausenden von Menschen befindet sich vielleicht einer, der nach Vollkommenheit strebt" (VII, 3).

Jedoch: „Wer bewußt den Unterschied zwischen dem Körper und dem Besitzer des Körpers sieht und den Vorgang der Befreiung von den Fesseln der materiellen Natur verstehen kann, erreicht das höchste Ziel" (XIII, 35).

„Wer sich ständig um das Wohlergehen aller fühlenden Wesen bemüht, erreicht Befreiung im Höchsten" (V, 25).

Für die Selbstverwirklichung und damit für den Eingang in die spirituelle Welt Gottes ist es also nötig, das Leben als Gottesdienst, d. h. als Dienst an Gottes Schöpfung aufzufassen und zu führen. Damit ist zugleich die Verantwortlichkeit des Menschen für seine Umwelt und alles Leben auf diesem Planeten zum Ausdruck gebracht.

Für den letzten Schritt zum dauernden Glückszustand im Reiche Gottes bedarf es allerdings seiner gnadenvollen Hilfe, die dem zuteil wird, der immer strebsam sich bemühte: „Obwohl Mein Geweihter mit allen Arten von Aktivitäten beschäftigt ist (die eine Bindung an die materielle Welt zur Folge haben), erreicht er durch Meine Gnade und unter Meinem Schutz das ewige, unvergängliche Reich" (XVIII, 56).

Über Krischna, den höchsten Herrn, und seine Schöpfung sagt die Bhagavad-gita: „Ich bin der Ursprung der spirituellen und materiellen Welt" (X, 8).

„Es gibt keine Wahrheit über Mir" (VII, 7).

„Von allen Schöpfungen bin Ich der Anfang, das Ende und auch die Mitte" (X, 31).

„Mit einem einzigen Teil Meiner Selbst durchdringe und erhalte Ich das gesamte Universum" (X, 42).

„Von Mir in meiner unmanifestierten Form wird das gesamte Universum durchdrungen. Alle Wesen befinden sich in Mir" (IX, 4).

„Ich bin der zeugende Same allen Seins. Es gibt kein Wesen . . ., das ohne Mich existieren kann" (X, 39).

„Würde Ich aufhören zu arbeiten, gingen alle Welten zugrunde" (III, 24).

„Ich bin das Selbst, das in den Herzen aller Geschöpfe weilt" (X, 20).

„Das Licht der Sonne, das die Dunkelheit im gesamten Universum vertreibt, hat seinen Ursprung in Mir" (XV, 12).

„Ich gehe in jeden Planeten ein, und durch Meine Energie bleiben sie in ihrer Bahn" (XV, 13).

„Die Lebewesen in der materiellen Welt sind Meine ewigen fragmentarischen Teile. Weil sie ein bedingtes Leben führen, kämpfen sie schwer mit den sechs Sinnen . . ." (XV, 7).

„Am Ende des Zeitalters geht die gesamte materielle Schöpfung (die große Gestalt Brahmas) in Mich ein, und am Anfang des nächsten Zeitalters erschaffe Ich sie durch Meine Kraft neu" (IX, 7). (Die Dauer eines Zeitalters gibt Swami Prabhupada im Kommentar zu Kapitel VIII, Vers 17, mit 311 Trillionen, 40 Millionen Erdenjahren an.)

Von dem materiellen Universum, das von der göttlichen Überseele durchdrungen, gelenkt und gespeist wird, sagt der Herr: „Obwohl der Himmel alldurchdringend ist, vermischt er sich auf Grund seiner feinstofflichen Natur mit keinem anderen Element. In ähnlicher Weise vermischt sich auch die Seele . . . nicht mit dem Körper" (XIII, 33).

Die Fehler und Schwächen des Menschen, die zu der leidvollen und haßdurchdrungenen Geschichte unseres Planeten geführt haben, werden wie folgt dargestellt: „Es ist die Lust allein, die aus der Berührung mit der materiellen Erscheinungsweise der Leidenschaft geboren wird, und die sich später in Zorn verwandelt. Sie ist der alles verschlingende, sündige Feind dieser Welt" (III, 37).

„Die dämonischen Menschen, die bei unersättlicher Lust, bei Stolz und falschem Prestige Zuflucht suchen, und die sich daher in Illusion befinden, sind unsauberer Arbeit verschworen und fühlen sich zum Unbeständigen (d. h. Materiellen) hingezogen" (XVI, 10).

„Sie gehen abscheulichen, unheilvollen Aktivitäten nach, die dazu bestimmt sind, die Welt zu zerstören" (XVI, 9).

„Sie glauben, die Sinne bis ans Ende des Lebens zu befriedigen sei die größte Notwendigkeit der menschlichen Zivilisation . . . Durch Hunderttausende von Verlangen und durch Lust und Zorn gebunden, sichern sie sich mit illegalen Mitteln Geld, um ihre Sinne befriedigen zu können" (XVI, 11).

„Von vielfachen Ängsten verwirrt und in einem Netzwerk von Illusionen gefangen, werden sie zu sehr vom Sinnesgenuß angezogen und fallen in die Hölle (d. h. niedere Daseinsformen) hinab . . ., selbstgefällig und immer unverschämt, von Reichtum und falschem Prestige getäuscht . . ." (XVI, 16, 17).

Der Aktualität dieser Aussagen wird sich niemand verschließen können. Hier wird aber auch gezeigt, welchen einzig gangbaren Weg es zum weltweiten Überleben in dem kommenden Jahrhundert gibt: Bescheidenheit, Maßhalten in allen Dingen, Absage an jede Aggression und an das törichte Bemühen, den Mitmenschen im vermeintlichen Interesse einer vermeintlichen Selbstgeltung beherrschen und übertrumpfen zu wollen.

Im Gegensatz zum Alten Testament enthält die Bhagavad-gita keine Ge- und Verbote, sondern nur Belehrungen und Empfehlungen. Sie schränkt also die Willensfreiheit des Menschen und sein Denken nicht ein.

Ihre erleuchtende, aufrichtende und universelle Schau vermag uns ein religiöses Weltbild zu vermitteln, das sich auch mit den heutigen Wissenschaften durchaus vereinbaren läßt. Auf diese Weise läßt sich das erweiterte, neuzeitliche Denken und Forschen auf die große Kraftquelle des Universums und deren Gestaltungswillen ausrichten.

Krischna hat in seiner Güte versprochen: „Wann immer und

wo immer das religiöse Leben verfällt und Irreligiosität über-
handnimmt, zu der Zeit erscheine Ich, um die Frommen zu
befreien und die Schurken zu vernichten und um die Prinzipien der Religion wieder einzuführen" (IV, 6, 7).

So gewiß es ist, daß Gott nicht nur einen Namen hat, so sicher
ist es auch, daß „Christus" von dem griechischen Wort „Christos" abstammt, der griechischen Form der Aussprache des
Namens „Krischna"[1]. Da Jesus-Christus bedeutet: „Jesus,
Sohn des Christus", läßt sich vom Namen her der Religionsstifter als der gesandte Sohn des höchsten Herrn beschreiben,
den die altindische Weisheit seit Jahrtausenden verehrt. So ver-
wundert es nicht, daß der Archäologe Professor Nikolaus Boe-
rich 1924 in einem buddhistischen Kloster in Tibet Dokumen-
te vorgefunden hat, denen er entnahm, daß Jesus mit 29 Jahren
eine Reise nach Indien unternommen hatte zum Studium der
dortigen Religion[2]. Was nun Lehre und Wirken Jesu auf Erden
anlangt, so steht fest, daß nur der Evangelist Johannes aus eigener Wahrnehmung berichten konnte, daß die anderen offiziel-
len Evangelien dagegen vom Hörensagen in der Zeit von 50
bis 150 n. Chr. niedergeschrieben worden sind, und daß sämt-
liche Evangelien etwa bis zum Konzil von Konstantinopel,
553 n. Chr., vielfache Veränderungen, Korrekturen und An-
gleichungen erfahren hatten[3].

Das Wissen um die geistig-seelische Wesenheit des Menschen
und die Wirkungsweise Gottes wird uns in diesen Schriften
nur in Gleichnissen angedeutet. Die amtliche Interpretation
zur Ergänzung des unvollständigen Bildes einer Weltanschau-
ung in den vergangenen 2000 Jahren war im klerikalen Interesse vielfach machtorientiert. Nur selten erhob sich in vorrefor-
matorischer Zeit eine Stimme, die der Freiheit des Geistes und
der Würde der menschlichen Seele das Wort redete. Hier ist
vor allem der thüringische Adlige und Dominikanerprior
Eckehart   von   Hochheim,   genannt   Meister   Eckehart

(1260—1327), zu erwähnen, der es wagte zu erklären: „Der Mensch hat einen freien Willen, mit dem er kiesen kann gut und böse . . . Der Mensch soll frei sein und Herr seiner Werke . . . Nur ein frei gewordener Geist, der zwingt Gott zu sich . . . Ich bin die Ursache meiner selbst, nach meinem ewigen und nach meinem zeitlichen Wesen . . . Nach meiner ewigen Geburtsweise bin ich von Ewigkeit her gewesen, und bin und werde ewiglich bleiben. Nur was ich als zeitliches Wesen bin, das wird sterben und zunichte werden . . . Gott hat die Seele in freier Selbstbestimmung eingesetzt, so daß er über ihren freien Willen hinweg ihr nichts antun noch ihr zumuten will, was sie nicht will . . . Das geringste Vermögen, das es ein meiner Seele gibt, ist weiter als der weite Himmel . . ."[4].

Am 15. März 1840 vernahm der damals 40jährige, in Graz lebende Musiklehrer Jakob Lorber (1800—1864) eine innere Stimme, die ihm befahl: „Nimm deinen Griffel und schreibe!" Das tat er dann auch täglich vierundzwanzig Jahre hindurch und brachte auf diese Weise ein Werk zustande, das — als „Neuoffenbarung" zusammengestellt — nunmehr etwa 10 000 Druckseiten umfaßt. Es handelt sich — nach der Aussage Lorbers — vor allem um Worte Jesu, die die Evangelien teilweise korrigieren, und die einen Einblick in die Tiefen des Geistes und des Universums gewähren, der Zeit und Raum überwindet, und die naturwissenschaftliche Erkenntnisse vermitteln, die sich erst Jahrzehnte später als richtig erwiesen haben. Die Erde, als „Hochschule der Kinder Gottes" bezeichnet, stellt hiernach[5] einen lebenden Organismus dar, der — in Schnee und Eis gebunden — durch eine trichterförmige Öffnung am Nordpol[6] elektromagnetische Nahrung einsaugt und durch einen Schneckengang zum Südpol[7] treibt, von dem aus Energiestrahlungen die Erddrehung etwa nach dem Raketenprinzip bewirken. Die Säfte im Innern werden indessen etwa wie in Pflanzenkörpern chemisch vielfach aufbereitet, um der Flora und Fauna auf der festen Außenschale Lebenskräfte zuführen

13

zu können. Die Ozeane stellen sich als salzige Ausscheidungen dar.

Unser Universum wird als riesenhafte Kugel[8] mit diamantähnlicher spiegelblanker Wandung geschildert, in deren Mitte sich der Stern Regulus als Urmittelsonne mit einem Durchmesser von vielen Milliarden Lichtjahren befindet, als leuchtende Fackel. Um sie kreisen sieben Millionen Sternensysteme (Allalle), in deren Zentren sich jeweils riesenhafte, aus der Hauptsonne ausgestoßene Mittelsonnen befinden, deren Substanz ebenfalls feuriger Natur ist. Die um diese Mittelsonnen kreisenden Sternengruppen (Alle) stellen wiederum Systeme dar, bei denen Galaxien um ebenfalls riesige Zentralsonnen kreisen mit einem Volumen, das dasjenige der an dieses Zentrum gebundenen Galaxien insgesamt um das Vielfache übertrifft. In den Galaxien kreisen die Planetarsonnen auch um Mittelsonnen, deren Größenverhältnis sich ähnlich verhält[8a]. Nur die Hauptsonne und die Mittelsonnen der Allalle stellen gewissermaßen Dauerbrandöfen dar; die übrigen Sterne senden dagegen nur reflektiertes Licht, soweit nicht durch enorme Krater und Reibung der Atmosphäre an dem Weltäther Licht erzeugt wird. Von solchen Universen gibt es eine große Zahl. Alle zusammen stellen einen ungeheuer großen Menschen dar, der die Weiten des ihn nährenden Äthers durchschwimmt, wie ein Fisch das Wasser[9].

Es bleibt abzuwarten, ob unsere Wissenschaft auch in späterer Zeit schrittweise die Richtigkeit dieser Darstellung bestätigt finden wird. Jedenfalls wurde mit Hilfe des 1925 erbauten 2,57-m-Teleskops auf dem Mt. Wilsen festgestellt, daß es im Weltraum Milliarden von Galaxien gibt, und seit den 60er Jahren wissen wir durch den Einsatz von Radioteleskopen, daß es riesige Himmelskörper gibt (sog. Quasare), z. B. mit einer Energie von tausend Galaxien mit je einhundert Milliarden Planetarsonnen[10.]

Daß die Gesamtheit der materiellen Schöpfung einen großen

Menschen, nämlich Brahma, darstelle, wird schon in der Bhagavad-gita zum Ausdruck gebracht (VIII, 18).

Daß unsere Planetarsonne nur ein Planet sei, der fremdes Licht reflektiere, hat übrigens schon Zeno von Elea (geb. 490 v. Chr.) behauptet[11]. Wie die weiteren Ausführungen ergeben werden, hatte dieser Philosoph auch mit seiner Behauptung recht, daß die Materie (praktisch) unendlich teilbar sei.

Noch bevor der Däne Niels Bohr (1885—1962) den Aufbau der Atome mit ihren um den Kern rasenden Elektronen („Ladungswolken") konzipierte, schrieb Lorber: „So entwickelt sich zwischen den Atomen mittels ihrer umgebenden Dunsthülle die Assimilation, wobei die Dunsthüllen das Homogene anziehen und das Heterogene abstoßen"[12].

Weiterhin in Übereinstimmung mit der gegenwärtigen Wissenschaft heißt es: „Auch in der scheinbar festen Materie ist ebenfalls keine Ruhe; auch in ihr regt sich alles, und zwar mit einer Schnelligkeit, die kein menschlicher Sinn fassen kann"[13]. „Licht entsteht durch Vibration der Atome . . ., je nach der Anzahl dieser Vibrationen werden euren Augen Farben sichtbar"[14]. „Es (das Licht) bewegt sich mit elektromagnetischer Schnelligkeit fort . . ."[15].

Vom Licht heißt es weiter: „Die Substanz ist gleich dem aus der Sonne gehenden Licht, das der Materie wie gar nichts zu sein scheint und dennoch der Grundstoff (die Nahrung, der Verf.) der Materie ist, ohne mit ihr ein und dasselbe zu sein"[16]. Entsprechend den Aussagen in der Bhagavad-gita vernehmen wir weiterhin: „Ein geistiger Partikel Meines Ichs ist in jedem Atom enthalten"[17].

„Meine Willenskraft ist dasjenige große Band, das alle Weltkörper aneinander bindet . . ., so ist Mein Wille zugleich der Urstoff aller Dinge"[18].

„Der Geist Meines Vaters, der in Mir ist, ist der Regent der Unendlichkeit von Ewigkeit zu Ewigkeit"[19].

„Der unendliche Schöpfungsraum ist allenthalben erfüllt mit

Meinem Geiste ... In Mir ist dieses ewigen Geistes Brennpunkt, der eins ist mit seinem die Unendlichkeit ausfüllenden Außenlebensäther[19a] ... Dieser ... aber durchdringt und umfaßt alles in der ganzen Unendlichkeit ..., darauf gründet sich die Allwissenheit Gottes"[20].

„Das Licht ist mein Gewand, darum weil die ewige unermüdliche Tätigkeit ... mich allenthalben durchdringt und umgibt"[21].

„Ich bin immer Einer und Derselbe in eines jeden Menschen Herzen"[22].

„Gott wohnt in einem unzugänglichen Licht in der Welt der Geister, die Gnadensonne genannt wird"[23].

Die Schöpfung der materiellen Welt gewissermaßen durch Verdichtung des Geistes beschreibt Lorber wie folgt: „Ein Gedanke mußte der Schöpfung eines Atoms vorangehen, welches, ehe es Atom wurde, aus noch kleineren Bestandteilen zusammengesetzt ist, bis an die Grenze der ... Geistform hinreichend"[24].

„Die erste Klasse der Tierwelt sind die unendlich kleinen Bewohner des Äthers ... Die Gestalt dieser Tierchen ist die einer Kugel, deren Oberfläche glatt ist. Ihre Nahrung ist die Essenz des Lichts. Ihre Lebensdauer der trillionste Teil einer Sekunde, worauf sie — nach ihrem Ableben zu Trillionen sich einend eine zweite Klasse von Wesen zu bilden anfangen ... Ihre Lebensdauer ist der tausendbillionste Teil einer Sekunde ... Auf gleiche Weise wird unter fast gleicher Gestalt eine Klasse nach der anderen mit stets potenziertem Leben gebildet. Die Lebensdauer dieser Wesen ist ... der milliardste Teil einer Sekunde"[25].

Dieselben Gedanken und Entdeckungen sind bei unseren fortschrittlichen Wissenschaftlern zu finden. So erklärte Max Planck: „Alle Materie entsteht und besteht nur durch eine Kraft, welche die Atomteilchen in Schwingungen versetzt und sie zum winzigsten Sonnensystem des Atoms zusammenhält.

Da es aber im ganzen Weltall weder eine intelligente noch eine ewige Kraft an sich gibt, müssen wir hinter dieser Kraft einen bewußten intelligenten Geist annehmen"[26].

Bezüglich der im Atom wirkenden Elementarteilchen, von denen bisher etwa 200 Arten entdeckt wurden[26a]: „Das Pion (das nur eine tausendbillionste Sekunde existiert[27]) zerfällt in ein Myon und in ein Neutrino. Kurz darauf ist auch das Myon verschwunden, und an seine Stelle sind Elektron, Neutrino und Antineutrino erzeugt ... Die Protone im Kern des Atoms müssen als Zentrum fortgesetzter Aktivität ausgesetzt werden"[28].

„Die Lebensdauer des sog. Sigma-Teilchens wird mit einer trillionsten Sekunde angegeben"[29].

„Vielleicht ist ein Atom Materie nichts anderes als ein Partikel Geist"[30].

Die Wissenschaft ist demnach zu einem Punkt vorgestoßen, der bisher mit unbestimmten Glaubensvorstellungen bedeckt war. Das eigentlich Göttliche im Menschen ist nach Lorber der Geist. Es heißt insoweit: „Lernen müssen nur Leib und Seele; der Geist hat schon alles in sich aus Gott"[31].

„Der Geist ist der Seele innerste Sehe, deren Licht alles durchdringt"[32].

Die Entstehung der menschlichen Seele wird folgendermaßen beschrieben: „Die Seelen der Pflanzen wie der Tiere haben ... die Bestimmung, einst selbst zu Menschenseelenteilen zu werden"[33].

„Die Seele des Menschen als die höchstpotenzierte Zusammenfügung von Mineral-, Pflanzen- und Tierseelen hat von ihrer Vorexistenz keine Rückerinnerung ..."[34].

Auch der Wiederverkörperungsgedanke wird von Lorber an verschiedenen Stellen angesprochen. So heißt es z. B.: „Niemand wird wohl behaupten wollen, in diesem kurzen Erdenleben eine Vollendung erhalten zu können"[35].

„Siehe, das ist bereits der zwanzigste Weltkörper, auf dem du leiblich lebst"[36].

Hauptanliegen ist natürlich auch für Lorber die Gottes- und Menschenliebe als Brücke von Mensch zu Gott und von Mensch zu Mensch[37].

So empfiehlt er: „Nur Tätigkeit zum allgemeinen Wohl der Menschen schafft euch das Heil"[38].

Schließlich gibt auch er den Rat, sich nicht an die materielle Welt mit ihren Illusionen zu klammern: „. . . halte die Welt samt ihrem Glück für einen Schauplatz des Truges, so wirst du in rechter Weisheit das Leben der Welt genießen"[39].

Der Weg in das geistige Königreich des Herrn, der nach der Bhagavad-gita durch hingebungsvolles Dienen zu erreichen ist, wird von Lorber wie folgt gewiesen: „Menschen, welche auf dieser Erde in die reine Liebe zu Mir übergegangen sind und aus dieser Liebe heraus alles Weltliche und Materielle abgelegt haben und nichts anderes wollen als nur allein Mich, haben sich dadurch den Weg jenseitiger Vollendung überaus stark abgekürzt. Denn diese sind wahrhaft Meine Kinder und wahrhaft Meine Brüder und Schwestern und kommen daher . . . zu Mir . . . in den allerhöchsten Himmel, allda Ich Selbst wohne wesenhaft"[40].

II

Vom Sinn des Lebens

Wenn Martin Luther (1483—1546) sagt: „Das Leben ist nicht Sein, sondern ein Werden", dann trifft diese Feststellung auch nach naturwissenschaftlichen Erkenntnissen zu, denn ein Organismus befindet sich nur am Leben, solange sich das Gefüge seiner materiellen Substanz im Zustand der Bewegung befindet. Deshalb bezeichnet man als Lebewesen einen in sich geschlossenen körperlichen Organismus, der vermöge unsichtbarer Antriebskräfte in der Lage ist, Fremdstoffe zum Aufbau einer individuellen Eigensubstanz an sich zu ziehen, chemisch umzuwandeln, geordnet zu verwerten und für den Eigenbedarf unbrauchbare Stoffe wieder auszusondern. 1663 entdeckte der englische Mechaniker Robert Hooke (1635—1703) im Mikroskop, daß die Substanz der Korkbaumrinde eine bienenwabenähnliche Struktur aufweist. Die Einzelteile dieses Bauwerks der Natur nannte er „Zelle". Der Begriff ging in die Wissenschaft ein. Seit 1838 ist die These des deutschen Botanikers Matthias Schleiden (1804—1881), daß sich alle Pflanzen- und Tierkörper in geordneter Form aus einer Vielzahl von Einzelzellen zusammensetzen, die arbeitsteilig den Körperaufbau und den Stoffwechsel in harmonischer Zusammenwirkung betreiben, unangefochten. So enthält z. B. der ausgewachsene menschliche Körper etwa 60 Billionen Zellen, von denen in jeder Sekunde 50 Millionen absterben und ebenso viele neu entstehen. Gerade die Tatsache, daß die Lebenskraft beständig ist, die durch diese Kraft zusammengehaltene materielle Substanz aber in ihrem Bestand dauernd wechselt, zeigt, daß die Lebenskraft eine Potenz mit einer Eigenexistenz ist, die nicht etwa ein Produkt des materiellen Körpers darstellt, sondern daß vielmehr jene unsichtbare Kraft die Ursache für die Entstehung organischer Daseinsformen ist.

Bis etwa zum Jahre 1938 hatte die Wissenschaft sich mit der Erkenntnis begnügen müssen, daß eine jede Zelle aus einem Zellkern und dem sogenannten Zellplasma besteht. In den folgenden Jahren wurde das Elektronenmikroskop entwickelt, das eine bis zweimillionenfache Vergrößerung zuläßt. Damit tat sich eine bis dahin unbekannte Welt auf, in der der kunstvolle Aufbau jeder Zelle sichtbar und das Wirken der geheimnisvollen Lebenskraft deutlicher wurden: Das Zellplasma erwies sich als ein Labyrinth von Kanälen und Tunneln (endoplasmatisches Retikulum) mit Hunderten von winzigen „Kraftwerken" (Mitochondrien) und „Fabriken" zur Eiweißherstellung (Ribosomen)[1]. Die eigentliche Antriebskraft blieb ebenso unsichtbar wie etwa die Elektrizität, die nur an ihrer Wirkung erkannt und gemessen werden kann. Unsichtbar blieb auch die Kraft, die die emsige Tätigkeit der vielen Zellen koordiniert und beherrscht und sie veranlaßt, die differenzierten Aufgaben in den verschiedenen Körperteilen diszipliniert wahrzunehmen. Von ihr wissen wir nur, daß sie an das Bewußtsein gekoppelt ist, das die körperlichen Sinnesorgane vermitteln. Die in jedem organischen Körper wohnende Lebenskraft reagiert nämlich — z. B. mit Bewegungsimpulsen — auf Umwelteinflüsse. Diese Reaktionen erfolgen nach dem Prinzip der Zweckmäßigkeit, d. h. mit Intelligenz, wie sie nur der Geist als Erkenntnisträger besitzt. Nennen wir die dem Geist eines Wesens zugeordnete Lebenskraft die Seele, dann finden wir bestätigt, was der Menschheit schon vor etwa 5000 Jahren durch die Bhagavad-gita gelehrt wurde:

„Wisse, das was den gesamten Körper durchdringt, ist unzerstörbar. Niemand kann die unvergängliche Seele töten" (II, 17).

„. . . wie allein die Sonne mit ihren Strahlen das gesamte Universum erleuchtet, so erleuchtet das Lebewesen den gesamten Körper mit Bewußtsein" (XIII, 34).

Daß der menschliche Geist die Aufgabe hat, die aus niederen Lebensformen herangereiften Seelenkräfte zu kontrollieren und zu veredeln, können wir der universellen prophetischen Aussage von Jakob Lorber (1800—1864) entnehmen. Hier heißt es: „Lernen müssen nur Leib und Seele; der Geist hat schon alles in sich aus Gott" (Die Jugend Jesu, Kap. 55).

„Der Leib ist der Seele Haus, und der Geist in ihr ist dazu von Gott gegeben, daß er die Seele erwecke und unterweise in allem, was geistig ist . . ." (Das Große Evangelium Johannes, Bd. 10, S. 172).

„Die Seele des Menschen als die höchstpotenzierte Zusammenfügung von Mineral-, Pflanzen- und Tierseelen hat von ihrer Vorexistenz keine Rückerinnerung, weil die einzelnen Seelenteile in den drei Naturreichen keine streng gesonderte, sondern für ihre Art nur aus dem allgemeinen Gottesraum entliehene Intelligenz besaßen" (Das Große Evangelium Johannes, Bd. 8, S. 29).

Auch Carl Welkisch stellt in seinem Werk Der Mensch zwischen Geist und Welt, S. 34, heraus, daß die menschliche Seele durch die Verbindung mit ihrem Geist zu einer bewußten Individualität wird.

Es wird sich auch weiterhin das Wort des großen Physikers Max Planck (Vorträge und Erinnerungen, 5. Aufl., 1949) bewahrheiten: „Wohin und wieweit wir also blicken mögen, zwischen Religion und Naturwissenschaft finden wir nirgends einen Widerspruch, wohl aber gerade in den entscheidenden Punkten volle Übereinstimmung."

Den atomaren Bewegungsenergie-Aufbau der anorganischen Materie habe ich schon als den eines Mikro-Universums skizziert und angedeutet („Unser ewiges Sein").

Der in seinem inneren Aufbau unglaublich komplizierte menschliche Körper wird in den Geisteswissenschaften als Mikrokosmos, als eine „Miniaturkopie des Makrokosmos" bezeichnet[2]. Von ihm sagt z. B. der Religionsstifter Fürst Siddharta Buddha (560—480 v. Chr.): „In diesem sechs Fuß langen Körper mit seinen Sinneseindrücken und Gedanken und Ideen, sage ich euch, ist die ganze Welt, der Ursprung der Welt und das Ende der Welt, und auch der Weg, der zum Ende führt, enthalten"[3].

Die Seele des Menschen erweist sich nach alldem als die eigentliche Lebenskraft, die sich mosaikartig aus einer ungeheuer großen Zahl von Antriebskräften zusammensetzt, die im Prinzip auf die Eroberung von zumeist niederer Fremdsubstanz ausgerichtet sind und deshalb durch einen ordnenden Willen gezügelt und beherrscht werden müssen. Der unmittelbare Zusammenhang zwischen körperlicher Gesundheit und Seelenharmonie wird in der medizinischen Wissenschaft immer mehr anerkannt[4]. Ebenso steht fest, daß z. B. eine Krebserkrankung nichts anderes darstellt, als die Aufsässigkeit einer Gruppe von Zellen, die sich wild, d. h. außerhalb des Gesamtkonzepts vermehren[5].

Die Notwendigkeit, die vorhandenen Energien zur Selbsterhaltung einsetzen zu müssen, zwingt das Lebewesen, sich ständig mit seiner Umwelt auseinanderzusetzen und aus den hierbei auftretenden Kräftekonstellationen und deren Auswirkungen auf den eigenen Organismus zu lernen. Auf diesem Wege werden die vorhandenen eigenen Kräfte und Fähigkeiten und damit die Seelenverfassung durch den Lebenskampf geprägt und geschult.

Im Gegensatz zu Pflanze und Tier ist die Menschheit zur Bereitstellung des Lebensbedarfes darauf angewiesen, die Existenz durch gemeinschaftliche Wirtschaftätigkeit, d. h. durch Arbeit zu sichern. Die Herstellung einer großen Zahl von Wirtschaftsgütern setzt eine Vielzahl von Menschen mit den verschiedensten Fähigkeiten und Erfahrungen voraus, d. h. eine Spezialisierung. Ein geordneter Austausch von Leistungen verlangt — sollen nicht Konflikte durch Ungerechtigkeit auftreten — ein ständiges Bemühen um Gleichwertigkeit von Leistung und Gegenleistung in diesem verwickelten Prozeß der Existenzsicherung. Hier wird die Notwendigkeit einer Rechtsordnung deutlich, in deren Bahnen sich Produktion sowie Güter- und Leistungsaustausch friedlich vollziehen können und unter deren Schutz der individuelle Lebensbereich mit den erworbenen Sachgütern frei von Bedrohung existieren kann. Nur die erwähnte Gleichgewichtigkeit von Leistung und Gegenleistung und deren Gewährleistung durch das Recht sind geeignet, einen von der allgemeinen Rechtsüberzeugung getragenen Zustand des innergemeinschaftlichen Friedens hervorzubringen.

Damit erweist sich das Recht als Erfordernis für die Erhaltung der physischen Existenz jedes einzelnen, der nicht in tierähnlicher Lebensführung seinen Lebensbedarf unangefochten in unberührter Wildnis ersammeln oder erjagen kann. Das Ringen um gefestigte Rechtsordnungen und eine gesicherte Rechtsverwirklichung ist deshalb das eigentliche Charakteristikum der menschlichen Kulturgeschichte. Die Merkmale eines gerechten Rechts könnte man in vier Prinzipien zusammenfassen:

1. Was du nicht willst, das man dir tu, das füg auch keinem anderen an Leides zu.
2. Begehre bei dem allgemeinen Austausch von Gütern und Leistungen keinen höheren Gegenwert, als er deiner eigenen Leistung entspricht.
3. Sammle an Sachgütern für den privaten Nutzen nichts im Übermaße an.
4. Beanspruche für dich keine Verfügungsmacht über Personen und Sachwerte, wenn du dir nicht vorher die notwendigen Einsichten und Kenntnisse erarbeitet hast und bereit bist, das Gemeinwohl zu beachten.

Unter das Merkmal Ziffer 1 fällt natürlich auch die Pflicht zur wahrheitsgemäßen Information, denn nur auf der Basis eines zutreffenden Sachverhalts ist die Überprüfbarkeit der anderen Merkmale überhaupt möglich.

Betrachten wir diese vier Regeln, dann beinhalten sie nichts anderes als die Pflicht zu einer der Vernunft entsprechenden Beherrschung niederer seelischer Impulse, nämlich:

zu 1: menschenunwürdiger Aggression, Täuschung und Lüge,

zu 2: egoistischen Vorteilsstrebens,

zu 3: Habsucht und Geiz,

zu 4: Herrschsucht, Geltungsdrang, Machthunger.

Damit wird offenbar, daß der der Menschheit schicksalhaft aufgezwungene Kampf um ein gerechtes Recht nur dann zum Erfolg, d. h. zu einem allgemeinen Rechtsfrieden führen kann, wenn immer mehr Menschen mit dem Willen des erkennenden Geistes ihre Seelenkräfte veredeln.

Es ist deshalb richtig, wenn H. P. Blavatsky schreibt: „Es ist ferner ein okkultes Gesetz, daß kein Mensch sich über seine persönlichen Schwächen erheben kann, ohne damit, wenn auch nur ein wenig, das ganze Gebilde, dem er angehört, zu erheben. Gleicherweise kann niemand allein sündigen oder die Wirkung der Sünde allein erleiden"[6].

Daß Gerechtigkeit in der Überwindung schlechter seelischer Eigenschaften besteht, hat schon Platon (427—347 v. Chr.) mit den Worten gelehrt: „Richtet sich die Seele auf . . . die Wahrheit und das Wirkliche . . ., so denkt sie und erkennt"[7].

„Ergibt sich aber die ganze Seele dem edelsten Teile, erwirbt sie Besonnenheit und Gerechtigkeit, verbunden mit Einsicht . . ."[8].

„Kann ein solcher geordneter, nicht habgieriger, nicht knechtischer, nicht großtuerischer, nicht feiger Mensch unredlich im Geschäftsleben und ungerecht sein?"[9].

Aber auch andere Philosophen des alten Griechenland priesen das Recht als das im Menschen lebende Bewußtsein des göttlichen Geistes: „Solch ein Gesetz ward Menschen von Zeus

Kronion gegeben. Fische, vierfüßiges Wild und auch die geflügelten Vögel mögen einander auffressen, dieweil sie des Rechtes ermangeln; aber den Menschen gab er das Recht, das beste der Güter"[10].

„Selig der Mann, der Erkenntnis errang, der Forschung Gewinn.

Nie fühlt er dem Nächsten zu schaden den Drang, noch treibt ihn zum Unrecht selbstsüchtiger Sinn . . . Er öffnet des Herzens Pforte nie einem gemeinen Gedanken"[11].

„Über alles, was nur eine Seele hat, Großes und Kleines, hat der Geist die Herrschaft . . ."[12].

Als Sinn des Lebens wird man deshalb wohl annehmen dürfen, daß der erkennende Geist als der Ausdruck des göttlich Reinen, die Herrschaft erringen soll über die Seele als der Quelle der Leidenschaften und damit des Leids.

Jede Maßlosigkeit im Denken und Handeln ist Ausdruck von Unwissenheit und Illusion. So heißt es in der Bhagavad-gita: „Arroganz, Stolz, Zorn, Blasiertheit, Grobheit und Unwissenheit sind die Eigenschaften der Menschen, die von dämonischer Natur sind . . ., die bei unersättlicher Lust, Stolz und falschem Prestige Zuflucht suchen und sich daher in Illusion befinden . . . (XVI, 4 und 10).

Ein von pathologischer Herrschsucht besessener Diktator, der sich schauspielerhaft vor der Masse seiner Untertanen bläht, ist ebenso ein Narr wie ein Staatspräsident, der Freudentränen über seine Wahl vergießt: Beide wissen nicht, was sie sich selbst an fast unerträglicher seelischer Belastung und Verantwortung aufgeladen haben und wie weit sie sich von dem Grundsatz entfernen, der als Inschrift auf dem Tempel zu Delphi steht: „Erkenne dich selbst — und du wirst das Universum und die Götter erkennen."

Ein jedes Bemühen, andere zu beherrschen oder gar zu unterdrücken, ist töricht und unsinnig, denn es zehrt an der Kraft, fördert niedere Eigenschaften und schafft damit innere Unfreiheit.

Zum Feind seiner selbst wird aber auch der, dessen ganzes Sinnen und Trachten auf die Vermehrung seines Eigentums gerichtet ist. Nur Unaufrichtige werden sich wegen seines Reichtums um seine Freundschaft bemühen und ihm schmeicheln. Schon zu seinen Lebzeiten werden seine Erben Spekulationen über ihren künftigen Erbanteil anstellen und vielleicht sogar den baldigen Tod des Vermögensträgers herbeiwünschen. Die ständige Sorge um die Erhaltung und Vermehrung des Vermögens läßt oftmals für menschliche Beziehungen und für eine Anteilnahme an freudigen Erlebnissen des kulturellen Lebens keinen Spielraum mehr. Auch verkennen die Raffgierigen, daß ihnen alle irdischen Güter nur für ganz kurze Zeit zur Verfügung stehen.

So heißt es schon in den altindischen Veden: „Der Herr beherrscht und besitzt alles Beseelte und Unbeseelte im Universum. Der Mensch soll daher nur die Dinge annehmen, die er braucht und die ihm als Anteil zur Verfügung gestellt sind. Er soll nicht andere Dinge nehmen, weiß er wohl, wem sie gehören"[13].

Und auch Seneca (4 v. Chr. bis 65 n. Chr.) schreibt: „. . . Alles, was uns von außen her zufällt und uns Glanz bringt: Ehrenstellen, Reichtum, geräumige Vorsäle . . ., ist uns nur geliehen . . . Das eine wird heute, das andere morgen zurückgenommen . . . Wir haben daher auch keine Berechtigung zu wähnen, es gehöre uns . . . Die Nutznießung ist unser; auf wie lange — darüber entscheidet der, der über seine Gabe Bestimmung getroffen hat"[14].

Selbstzerstörerisch in seelischer und körperlicher Hinsicht ist auch der, der sich im Übermaß den leiblichen Genüssen hingibt und dadurch zum Sklaven seines unwissenden Persönlichkeitsbestandteils, des Körpers, wird.

„Drei Tore führen zur Hölle — Lust, Zorn und Gier. Jeder

vernünftige Mensch sollte sich von ihnen abwenden, denn sie führen zur Erniedrigung der Seele"[15].

So meint auch Platon: „Also wird der Verständige sein ganzes Streben dahin lenken . . ., seiner Seele diesen Zustand der Vollkommenheit zu geben . . . Er wird seinen Körper und die Sorge für dessen Wohl nicht den tierischen vernunftlosen Lustgefühlen preisgeben . . . Er wird seinem Körper Harmonie geben, um sie der Seele geben zu können"[16].

Im Urtext des Johannes-Evangeliums, dem sogenannten „Friedensevangelium des Jesus Christus", der in der Geheimbibliothek des Vatikan verwahrt wird, wird sogar der Fleischgenuß verworfen[17]. Hier heißt es: „. . . Wer tötet, tötet deshalb seinen Bruder. Und von ihm wird sich die Irdische Mutter abwenden, und sie wird ihm ihre erquickenden Brüste entziehen . . . Und das Fleisch getöteter Tiere wird sein Grab werden. Denn wahrlich, ich sage euch, wer tötet, tötet sich selbst, und wer das Fleisch gemordeter Tiere ißt, ißt vom Leib des Todes. Denn in seinem Körper wird sich jeder Tropfen ihres Blutes in Gift wandeln; in seinem Atem wird ihr Atem zu Gestank werden; in seinem Fleisch ihr Fleisch zu Eiterbeulen; in seinen Knochen ihre Knochen zu Kreide; in seinen Gedärmen ihre Gedärme zu Fäulnis; in seinen Augen ihre Augen zu Schuppen; in seinen Ohren ihre Ohren zu wächsernem Ausfluß. Und ihr Tod wird sein Tod werden . . ."

Enttäuscht über die Entartung des Menschengeschlechts gerade auch in ihrer sogenannten zivilisierten Erscheinungsform schreibt Schopenhauer: „Es gibt auf der Welt nur ein lügenhaftes Wesen: Es ist der Mensch. Jedes andere ist wahr und aufrichtig, indem es sich unverhohlen gibt als das, was es ist, und sich äußert, wie es sich fühlt . . . Während der Mensch durch die Kleidung zu einem Fratz, einem Monstrum geworden ist, dessen Anblick schon dadurch widerwärtig ist, und nun gar unterstützt wird durch die ihm nicht natürliche weiße Farbe und durch alle die ekelhaften Folgen widernatürlicher Fleischnahrung, spirituoser Getränke, Tabaks, Ausschweifungen und Krankheiten. Er steht da als ein Schandfleck der Natur!"[18].

Freilich sind in der im ganzen gesehen abstoßenden und empörenden Geschichte der Menschheit immer wieder Ansätze zu einer positiven Entwicklung sichtbar geworden. Es ginge über den Rahmen der vorliegenden Studie hinaus, hier eine Bilanz zu ziehen oder Prognosen für die kommenden hundert Jahre zu stellen.

Indessen ist jedem Menschen unabhängig von der Gesamtentwicklung die Möglichkeit gegeben, sein Leben sinnvoll zu gestalten. Jedes Streben nach Erkenntnis dient der Wahrheit, der richtigen Selbsteinschätzung und der Harmonie von Geist und Seele.

Die Geister der Menschen, die auf der Erde für kurze Zeit zusammentreffen, um im Wege einer umfassenden Kommunikation voneinander zu lernen[19], können in diesem Daseinszustand viel für die Ausreifung ihrer Seelen erreichen.

So schreibt Jakob Lorber: „Wenn dein Geist in dir wach wird, so wirst du seine Stimme wie lichte Gedanken in deinem Herzen vernehmen. Diese mußt du wohl anhören und dich danach in deiner ganzen Lebenssphäre richten, so wirst du dadurch deinem eigenen Geist einen stets größeren Wirkungskreis verschaffen. So wird der Geist in dir wachsen und deine ganze Seele und mit ihr dein ganzes materielles Wesen durchdringen"[20].

„. . . die Entschlossenheit . . ., durch die der Geist das Leben und die Aktivitäten der Sinne beherrscht, befindet sich in der Erscheinungsweise der Reinheit"[21].

„Klarheit, Einfachheit, Selbstbeherrschung und Reinheit der Gedanken sind Enthaltsamkeit des Verstandes"[22].

Das ist die Vorstufe für die Rückkehr zu Gott, denn wer seine den Körper belebende Seele in allen Teilen beherrscht, gleicht im kleinen dem Schöpfer, der in gleicher Weise die Sphären seiner materiellen Schöpfung im Zustand eines harmonischen Gleichgewichts der Kräfte hält.

Von Gott sagt die Bhagavad-gita: „Du bist . . . das Endgültige, das Höchste Reich und der Alles-Reinigende, die Absolute Wahrheit und die Ewige Göttliche Person . . ., die alldurchdringende Schönheit" (X, 12—14).

Im gleichen Sinne schreibt der am 17. Februar 1600 als Ketzer verbrannte Philosoph Giordano Bruno: „Was die Weltseele in jedem Augenblick voll und ganz ist, das vollzieht sich in der Einzelseele in zeitlicher Entwicklung durch die ganze Reihe von Zuständen, welche sie während des Lebens durchläuft"[23].

III

Macht und Illusion

Macht als statische oder dynamische Potenz, als bloße Möglichkeit zu bewirken, daß etwas Bestimmtes geschieht oder unterbleibt, ist begrifflich wertneutral. Die Beurteilung der Machtentfaltung im ethischen Bereich muß nach Motiv, Ziel und Mittel und letztlich nach dem Erfolg geschehen. Die auf Weisheit gegründete Macht wird zu einer vernünftigen Ordnung, die auf Leidenschaft und Unwissenheit basierende zu Destruktion und Chaos führen.

In der vor etwa 5000 Jahren niedergeschriebenen Bhagavadgita erklärt Krischna, der höchste Herr:

„Die gesamte kosmische Manifestation untersteht Mir. Durch Meinen Willen wird sie immer wieder manifestiert und durch Meinen Willen wird sie am Ende aufgelöst" (IX, 8).

Stimmt diese Darstellung mit dem wissenschaftlich Erkennbaren überein, dann muß man Krischna als höchsten Wissenschaftler und Ingenieur[1] und Zentrum der originären Macht akzeptieren. Betrachten wir die anorganischen Erscheinungsformen im Universum, dann wird erkennbar, daß die großen Himmelskörper durch Energiekonzentration, durch Zusammenballungen riesiger Gaswolken durch Anziehungskräfte entstehen[2]. Diese Kugeln aus verdichteter, d. h. gebundener Energie wirbeln nicht etwa ziellos im Raume umher, sondern sind in Formationen von Planetar- und Sonnensystemen an die Zügel von Gravitationszentren gebunden[3]. Daß die großen Zentralgestirne mit einer Masse von tausend Galaxien mit je einhundert Milliarden Planetarsonnen (Quasare)[4] dem Auge nicht sichtbar, sondern mit dem Radioteleskop zu orten sind, ist nicht erstaunlich. Denn von dem Spektrum der elektro-

magnetischen Energiewellen ist nur ein schmaler Frequenzbereich für das menschliche Auge als Licht wahrnehmbar[5].
Absorbiert aber ein Gegenstand gerade diejenigen Energiebestandteile, die als Licht empfunden werden, dann vermag er keine sichtbaren Strahlen auszusenden bzw. zu reflektieren.
In der gewaltigen Flut elektromagnetischer Energie, die das All durchströmt, tritt also eine Macht in Erscheinung, die mit dem Mittel der Gravitation die Entstehung von Materie bewirkt, diese Materie differenziert und kunstvoll in Kugelgestalt ausformt und in geordnete Bahnen zwingt.

Die schon 1900 von Max Planck entwickelte Vorstellung, daß auch das Licht aus winzigen Einzelteilen bestünde (Quantentheorie)[6], fand ihre Ergänzung in der Entdeckung kurzlebiger, stets in andere Energiepotenzen übergehender Elementarteilchen bei der Erforschung kosmischer Strahlen durch Carl Anderson (1936), Frederick Reines, Clyde Cowan jun. u. a. (1956). Die geringe Größe und die hohe Energieladung ermöglichen es, daß die gewaltigen Ströme dieser Partikelchen die größten Himmelskörper durchdringen[7]. Ihre Funktion ist noch nicht erforscht[8]. Die Vermutung liegt aber nahe, daß sie die Atome beständig mit neuer Energie aufladen und dadurch zur Aufrechterhaltung des inneren Gleichgewichtes der Kräfte führen.

Die Elementarteile liefern zugleich den Beweis für den Übergang unsichtbarer Kräfte in die verfestigte Form der Materie. Die Größe des — als Materie — im winzigen Atom gespeicherten und dort neutralisierten Kraftpotentials tritt in Erscheinung, wenn das innere Gleichgewicht durch Spaltung des Atomkerns bei hierfür geeignetem Material (Plutonium) oder Fusion von Atomkernen (Wasserstoff) gestört und explosionsartig Energie freigesetzt wird. So genügten wenige Kilogramm Plutonium, um am 6. und 9. August 1945 die japanischen Städte Hiroshima und Nagasaki und damit rund 410 000 Menschenleben auszulöschen. Es läßt sich unschwer vorstellen, welche chaotischen Verhältnisse bestünden, wenn die unge-heuren Energien des Universums *nicht* durch ordnende Kräfte im Gleichgewicht gehalten würden. Der — wegen des Kapitu-lationsangebotes von Japan — militärisch nicht zu rechtferti-gende Abwurf der beiden Atombomben[9] hat sehr eindringlich vor Augen geführt, welche verhängnisvollen Auswirkungen sich ergeben, wenn die Gesetze der natürlichen Ordnung ge-stört werden. Zugleich zeigt das Beispiel der Auflösung von Materie in Strahlungsenergie, daß die Materie — entgegen der Ansicht des „Historischen Materialismus" — *nicht* als Bron-nen der Lebenskraft oder gar des Geistes in Betracht gezogen werden kann.

Neuere biologische Forschungen haben vielmehr erwiesen, daß Bewußtsein, Intelligenz und schöpferische Phantasie ein physisches Gehirn *nicht* voraussetzen.[10].

Es dürfte deshalb nicht schwerfallen einzusehen, daß die nach ordnenden Gesetzen manifestierten Gebilde der materiellen Welt — im Größten, wie im Kleinsten — auf das planvolle Wirken eines genialen Geistes zurückgeführt werden können und müssen. Das Leugnen eines mächtigen Schöpfergeistes er-scheint hiernach selbst mit den Gesetzen der Logik unverein-bar. Schon Emanuel Swedenborg hatte darauf hingewiesen, daß die Wissenschaft, die das Wirken Gottes planmäßig ver-neint, zum Wahnsinn tendiere[11].

Die moderne Biochemie führt die Entstehung von Lebewesen auf dem Planeten Erde auf die Zerlegung von Oberflächenwas-ser durch ultraviolette Lichtstrahlen in Wasserstoff und Sauer-stoff zurück (Photodissoziation) mit der Folge, daß sich schließlich im tieferen Wasser größere atomare Verbindungen (Großmoleküle) zusammenballten und formierten als Aus-gangsstoffe für Proteine (Eiweißstoffe) und Glykose (Zucker) in Mikroorganismen[12].

Das Sonnenlicht ist es auch, das in den Pflanzen das Wunder

vollbringt, Kohlendioxyd und Wasser in Stärke und Zucker zu verwandeln (Photosynthese)[13].

In den Meeren sind es winzige Kieselalgen (Diatomeen), die mit Hilfe der Sonnenenergie aus den anorganischen Stoffen ihrer Umgebung Stärke, Zucker und Eiweißstoffe aufbauen können. Sie stellen damit die Grundnahrung aller Meerestiere dar[14].

Die große Flut des kosmischen Energiestromes erweist sich damit auch als die Grundsubstanz und Antriebskraft der „lebendigen" Natur. Ihre Aufnahme im Erdkörper am Nordpol tritt als „Nordlicht" in Erscheinung[15].

Seitdem für die Erforschung der Zellen lebender Organismen das Elektronenmikroskop zur Verfügung steht, ist erkannt worden, daß die Gene der Chromosomfäden in den Zellkernen aus Nukleinsäuren mit differenziertem molekularem Aufbau (DNS) bestehen[16].

Die Gliederung dieser DNS-Spiralen bestimmt hiernach den permanenten Ablauf des chemischen Körperaufbaus und dessen Eigenschaften[17].

Indessen bleibt die Frage offen, wer denn diese perfekten Computer erdacht und programmiert hat.

Hierauf gibt die Bhavagad-gita die Antwort:

„Die materielle Natur . . . wirkt unter Meiner Führung, die die sich bewegenden und sich nicht bewegenden Wesen hervorbringt . . ." (IX, 10).

„. . . Ich bin das Leben in allem Lebendigen . . ." (VII, 9).

„Ich bin der zeugende Samen allen Seins . . ." (X, 39).

Das göttliche Vorbild hat ordnende Prinzipien zum Fundament der Schöpfung gemacht, an deren Einhaltung sich auch die Macht des Schöpfers in weiser Selbstbeschränkung bindet. Sogar die originäre Macht muß sich aber auch an ein Ordnungssystem halten, will sie auf Dauer wirken und Kraft entfalten.

Das Element Wasserstoff weist das geringste Atomgewicht,

die geringste Dichte und die schwächste Kernladung aller bekannten Elemente auf[18]. Seiner Qualität nach ist es also dem energiebindenden Prinzip der Gravitation am wenigsten unterworfen. Da die anorganische Schöpfung in nichts anderem als der Fesselung freier Kräfte durch Gravitation besteht, sind gerade die leichtesten Stoffe geeignet, zur Überwindung der Erstarrung in der Materie durch das Leben die „Bausteine" für organische Daseinsformen zu liefern. Mit dem aktivsten Element, dem Sauerstoff[19] verbunden, bildet der Wasserstoff das Wasser. Wandlungsfähig, wie keine andere Substanz vermag das Wasser schon innerhalb einer Temperaturspanne von nur 100° C vom festen über den flüssigen in den gasförmigen Zustand überzugehen. Schon verhältnismäßig geringe elektrische Kräfte genügen, um es wieder in seine Bestandteile Wasserstoff und Sauerstoff aufzuspalten (Elektrolyse). Mit nicht übermäßigem Aufwand läßt sich auch die Fusion von Wasserstoff-Atomkernen erreichen, durch die ein großer Teil der Wasserstoffmaterie in reine Strahlenenergie übergeht (Wasserstoffbombe). Durch die Oberflächenverdunstung des Wassers findet nicht nur eine ständige Selbstreinigung, sondern auch die Verteilung von Niederschlagswasser auf dem gesamten Festland statt. Ewig jung und beweglich ermöglicht es den Stoffwechsel in der lebendigen Natur und gestattet auch unvollkommenen Wesen eine Eigenbewegung, die ihnen ein freies Aktionsfeld verschafft. Das lehrt schon die Betrachtung eines Teichwassertropfens durch das Mikroskop.

In seinem Gedicht, Gesang der Geister über den Wassern, bringt Goethe folgenden Vergleich:

„Des Menschen Seele gleicht dem Wasser:
Vom Himmel kommt es,
zum Himmel steigt es,
und wieder nieder zur Erde muß es,
ewig wechselnd."

Auch nach der altchinesischen Lehre vom Tao[20] inkarniert

sich die Seele im Körper, den es als Werkzeug benutzt, um nach der Entkörperung und einer Zeit der Auswertung der gemachten Erfahrungen erneut geboren zu werden, bis der im Menschen wohnende Sonnengeist zu seinem göttlichen Selbst gefunden hat[21]. Bei näherer Betrachtung erweist sich die physische Existenz, der Körper des Menschen, als eine Leihgabe der materiellen Natur. Die seelischen Antriebskräfte sind stark in Anspruch genommen, den Leib aus Fremdstoffen aufzubauen und zu erhalten. Nur weniges ist geeignet, hierfür zu dienen, so daß im Wege der Atmung und des Stoffwechsels auch eine ständige Aussonderung von Unbrauchbarem stattfindet. Schwerfällig und plump in seiner Fortbeweglichkeit, abhängig von Bekleidung, künstlicher Wärme und beständiger Nahrungsaufnahme und längeren Ruhepausen ist der Mensch darauf angewiesen, mit seinem berechnenden Verstand seinen Lebensbedarf der übrigen Natur abzutrotzen. So heißt es mit Recht in der Bhagavad-gita:

„Die Lebewesen in der materiellen Welt sind Meine ewigen fragmentarischen Teile. Weil sie ein bedingtes Leben führen, kämpfen sie schwer mit den sechs Sinnen, zu denen auch der Verstand gehört" (XV, 7).

Die materielle Schwere als die eigentliche, seelenhemmende Last des Lebens beklagt Friedrich Nietzsche in seinem „Also sprach Zarathustra" mit den Worten:

„Und als ich meinen Teufel sah, da fand ich ihn ernst, gründlich, tief, feierlich: es war der Geist der Schwere, — durch ihn fallen alle Dinge"[22].

Und der griechische Philosoph Empedokles (490—422 v. Chr.) ruft verzweifelt aus:

„Die Entstehung (der materiellen Welt) ist eine furchtbare Zerstörung, welche die Lebendigen in die Toten übergehen läßt. Einst habt ihr das wahre Leben gelebt, und dann durch einen Zauber angezogen, seid ihr in den irdischen Abgrund gefallen, überwältigt vom Körper. Eure Gegenwart ist nur ein verhängnisvoller Traum . . ."

Noch aufschlußreicher sind die Ausführungen von Seneca (4 v. Chr. bis 65 n. Chr.) zur Frage des körperlichen Daseins des Menschen:

„Dieser unser Körper ist Last und Strafe für die Seele. Er drückt schwer auf sie und hält sie in Fesseln, wenn nicht die Philosophie hinzutritt und sie an den Wundern der Natur sich erholen läßt und sie vom Irdischen zum Göttlichen emporhebt . . . Der Weise . . . richtet seine Gedanken auf das Göttliche. Wie durch einen Eid verpflichtet, betrachtet er sein Leben als Dienst . . . Ich fühle mich zu Größerem geboren, als daß ich nur ein Sklave meines Körpers sein könnte . . . Seinen Körper geringschätzen, das bedeutet die wahre Freiheit.

Die Materie und Gott machen das Ganze aller Dinge aus. Gott ordnet die Welt, die ihm in ihrer ganzen Ausdehnung als ihrem Leiter und Lenker Folge leistet. Das schöpferische Prinzip, das ist Gott . . ., die Materie das leidende Prinzip. Die Stellung, die Gott in der Welt hat, die hat der Geist im Menschen . . ."[23].

Damit ist schon das Entscheidende gesagt: Der erkennende Geist überwindet die irdische Unfreiheit. Er allein ist die Macht, die wir im Schatten der gewaltigen Energie Gottes eigenständig entfalten können. Voraussetzung ist hierfür jedoch die Beherrschung unserer niederen Emotionen und ungerechten und damit bösartigen Spekulationen. So warnt der große Philosoph Platon (427—347 v. Chr.):

„Was wir uns klarmachen wollen ist nur, daß in jedem Menschen . . . ein arges, ungebändigtes Geschlecht von Trieben haust . . ."[24].

Und der Seher Swedenborg (1688—1772) berichtet:

„. . . Als der Mensch sich selbst . . . zu lieben begann, nahm die Wörtersprache überhand. Während das Angesicht schwieg oder log . . . wurde die innere Form . . . verändert . . ., verhär-

tet . . . die äußere Form aber, entflammt vom Feuer der Selbst-
liebe . . . So sind die Gesichter derer beschaffen, die anders denken als sie reden; denn die Verstellung, Heuchelei, Verschla-
genheit und List, welche heut zu Tage Klugheit heißen, führen
solches mit sich . . ."[25].

Die Darstellung des vedischen Gottes Krischna in seiner vier-
armigen Gestalt erfolgt häufig mit Muschel und Blume in einem und Keule und Feuerrad in dem anderen Händepaar. Muschel und Keule symbolisieren die primitive Geschlechtlich-
keit von Frau und Mann, Blume und Feuerrad die veredelte,
nämlich Schönheit und Harmonie des weiblichen Wesens und
den schöpferischen Geist des Mannes. Im Wege der Selbsterkenntnis vermag ein jeder Mensch in diesem Sinne die aus seinem Unwissensbereich aufsteigenden Triebe ins Bewußtsein
zu bringen und dadurch zu beherrschen. Voraussetzung für
bleibende Erfolge ist, daß der Handelnde sein Tun unter der
Kontrolle des Willens verrichtet.

So gesehen erscheint es der Entwicklung von Kräften der Erkenntnis dienlich, daß viele Völker ihre Lebensbedürfnisse unter schweren klimatischen Bedingungen durch harten Arbeits-
einsatz sichern müssen. Der Prophet Jakob Lorber warnt deshalb mit Recht:

„Hütet euch aber vor der Trägheit und vor dem Müßiggang,
denn sie sind die Wurzel von allen Lastern und Übeln der
Menschen"[26].

Es bedarf keiner besonderen Begründung, daß sich in den Zustand einer Ohnmacht versetzt, wer sich im Übermaß den
sonstigen körperlichen Trieben der Trink- und Eßsucht oder
der Sucht nach Mitteln der Berauschung oder Betäubung hingibt. Dann ist die im Körper wirkende Seele als dessen „mani-
pulierende Kraft"[27] nicht einmal in der Lage, die Maschinerie
des Leibes[28] intakt, d. h. „gesund" zu erhalten.

Allgemein bekannt ist auch, daß die primitivste Art der
Machtentfaltung, die physische Gewalt des Einzelnen — trotz

der vielen Mordtaten gerade auch in „gods own country"[29] —
nur begrenzte Wirkung hat und sich deshalb i. a. — noch „unter Ausschluß der Öffentlichkeit" vollzieht.

Die eigentliche Gefährlichkeit des Menschen liegt vielmehr in seinem vom Wahn des Gelten- und Herrschenwollens dirigierten spekulativen Verstand, dessen Wesenskern Trug und Lüge und dessen Auswirkungen Kriege sind. Zutreffend kennzeichnet diese Eigenschaft der edle Geist Friedrich Schiller:

> „Gefährlich ist's, den Leu zu wecken,
> verderblich ist des Tigers Zahn,
> jedoch der Schrecklichste der Schrecken,
> das ist der Mensch in seinem Wahn"[30].

In Übereinstimmung damit meint Schopenhauer:

„Nicht wer grimmig, sondern wer klug dareinschaut, sieht furchtbar und gefährlich aus: so gewiß des Menschen Gehirn eine furchtbarere Waffe ist, als die Klaue des Löwen"[31].

Der große Lehrer altindischer Weisheit, Swami Prabhupada, betont:

„Der Wunsch nach Herrschaft und Genuß ist die materielle Krankheit des Lebewesens, denn im Banne der Sinnesfreude wandert es durch die vielfältigen in der materiellen Welt manifestierten Körper"[32].

Die Macht des spekulativen Verstandes ist nichts anderes als der Erfolg der Anmaßung einer Minderheit gegenüber der Unwissenheit der Mehrheit.

Sehr berechtigt ist daher die Mahnung von Jakob Lorber:

„Solange der Mensch nicht völlig Herr seiner Gedanken ist, wird er auch nicht Herr seiner Leidenschaften und der daraus hervorgehenden Taten sein"[33].

Da das Handeln der „geistig geschulten" Menschheit vorwiegend auf das Eigeninteresse ausgerichtet ist, muß hinzugefügt werden:

> „Wahrheit und Recht gedeihen nicht,
> wenn allein die Macht das Urteil spricht!

Die Macht hat stets das Recht betrogen
und niedrige Gesinnung in ihren Dienst gezogen."

Macht, die das irdische Sein überdauert, vermag nur der erkennende Geist zu entfalten, dem es gelingt, die ihm zugeordnete Seele in ihren vielfachen Regungen bewußt zu erkennen und damit zu beherrschen. Denn der Erkennende handelt notwendigerweise vernünftig, weil er weiß, daß ihm Unmäßigkeit — auf welchem Gebiet auch immer — schaden muß. Die Befolgung der Inschrift auf dem Tempel zu Delphi:

„Erkenne Dich selbst — und du wirst das Universum und die Götter erkennen"

führt deshalb zur Harmonie von Geist, Seele und Körper im Sinne der „Goldenen Verse" des Pythagoras:

„Die heilige Dreiheit, das unendlich reine Symbol,
Quelle der Natur und Urbild der Götter"[34].

Die Seele stellt ein Kompositum von differenzierten Lebenskräften dar, die in zahllosen vorangegangenen Verkörperungen Fähigkeiten der verschiedensten Art erlangt hatten. Koordiniert und zusammengehalten durch den Geist als einer höheren Form der Energie, bedient sich die Seele der Materie als der niedersten, d. h. unfreiesten Form der Energie, um nach bestehenden Vorbildern die komplizierte Maschinerie des „lebendigen" Körpers zusammenzubasteln und in Betrieb zu halten. Ihre Mühewaltung bei der Beschaffung von Fremdstoffen für dieses Vorhaben nennt sie den „Kampf ums Dasein", weil hierfür ständig Aktivitäten entfaltet werden müssen. Verstrickt in die Tätigkeit der Selbst- und Arterhaltung identifiziert sich die unwissende Seele zumeist mit ihrem Werk, dem Körper, und vermeint schon zu genießen, wenn der schwere und plumpe Leib sie nicht gerade durch Mangel, Schmerz oder Schwäche belastet. Nach kurzer Dauer unterliegt jedoch die Seele im Kampfe mit ihrer irdischen Umwelt und muß den unbrauchbar gewordenen Körper aufgeben, wenn er nicht schon vorher durch andere Individuen zerstört wurde. Von Eigensucht getäuscht sieht die unwissende Seele in der Beendigung ihrer Einschließung im Körper nicht den Beginn einer neuen Freiheit oder eines wohlverdienten Urlaubs bis zur nächsten Verkörperung, sondern ein Ende ihrer selbst. Einem solchen Irrtum verfällt sie um so nachhaltiger, je mehr sie ihre Aktivität auch auf die Heranschaffung und Anhäufung *überflüssiger* natürlicher und künstlicher Produkte der materiellen Welt ausgerichtet hatte.

Für die überdimensional angeschwollene Menschheit auf dem ungastlichen Planeten Erde[35] und deren künstlich gesteigerten Bedürfnissen gibt es indessen ohnehin angesichts der zunehmenden Knappheit an Nahrungsmitteln, Rohstoffen und Stoffen zur Erzeugung von Wärme, Licht und Bewegung bald keine andere Wahl mehr, als eine Selbstbeschränkung im Bedarf auf allen Gebieten[36].

Damit dürfte die Illusion von der unbegrenzten Macht des technischen Fortschritts und einem permanenten Wirtschaftswachstum bald an der harten Wirklichkeit scheitern.

Goethes „Faust" ermahnt seinen Schüler Wagner:

„Such er den redlichen Gewinn,
sei er kein schellenlauter Thor!"

und Seneca lehrt uns:

„veritas simplex oratio"[37]

Schlingen- und trickreich war dagegen schon immer das nicht endenwollende Geschwätz und Gestammel solcher Priester, Medizinmänner, Dogmatiker und Ideologen, denen es darum ging, die unwissende Masse geistig einzuengen und zu bevormunden, um weltliche Macht und Herrschaft, Vorrechte und die Ausbeutung fremder Arbeitsleistungen unter Berufung auf metaphysische Autoritäten oder höhere Ziele zu rechtfertigen. Eine solche, auf Trug und Unwissenheit basierende Macht ist von Grund auf ungerecht, denn der Machthaber ist ja gerade bestrebt, die Gleichgewichtigkeit von Leistung und Gegenleistung, die das Recht kennzeichnet, oder sogar jegliche Gegenleistung von seiner Seite für die erhobenen Tribute auszuschließen. Damit schwächt er aber den bleibenden Bestandteil seiner Individualität, seine Seele, denn:

„Gerechtigkeit ist Weisheit"[38].
„Gerechtigkeit ist eine Kraft der Seele,
Ungerechtigkeit ist eine Unkraft der Seele"[39].

Auch steht wissenschaftlich außer Zweifel, daß ein gezieltes Streben nach ungerechter Macht und Herrschaft den Gewohnheitsverbrecher in seinen kriminellen Aktivitäten motiviert und damit charakterisiert[40]. Dämonischem Denken entspringt auch stets die Planung, künstlich wirtschaftliche Abhängigkeiten zur Ausbeutung des Mitmenschen zu schaffen. Besonders instruktiv ist hier das Beispiel, das uns die „Heilige Schrift" mit dem Vorgehen von Josef schildert, der den ägyptischen Bauern den fünften Teil ihrer Ernte abpreßt, die Getreidemassen für Jahre hortete und in Ausnutzung der von ihm hierdurch geschaffenen künstlichen Knappheit der arbeitenden Bevölkerung durch Preiswucher zunächst die Geldbestände, dann das Vieh, danach das Land und schließlich die Freiheit nahm[41]. Die Methoden wirtschaftlicher Herrschaftsmacht haben sich seitdem verfeinert:

Durch die Einführung von Banknoten ist das allgemeine Tauschmittel des Geldes seines Sachwertes entkleidet. Als fiktive Größe lebt es von der allgemeinen Überzeugung, d. h. Illusion, daß es einen realen Wert habe. Seine Relation zum allgemeinen Preisgefüge und zu anderen Währungen läßt sich im Bank- und Börsengeschäft steuern, so daß vor allem die US-Hochfinanz, deren Domäne solche Manipulationen sind[42], auf diesem Wege fast „zufällig" die merkantilisierte Arbeitskraft der mit Hilfe der Massenmedien ferngesteuerten[43], arbeitenden Bevölkerung abschöpfen und so ihre Tribute ziehen kann.

Mit Recht belehrt uns der griechische Dichter Euripedes (480 bis 406 v. Chr.) deshalb:

„Drei Arten Bürger gibt es, ja:
Die Reichen sind niemandem nütze,
trachten nur immer nach mehr.
Der Arme, dem des Lebens Unterhalt gebricht,
ist ungestüm und schnödem Neide zugewandt,
schnellt herber Zunge Stachel auf Vermögende,
von böser Führer trügerischem Wort getäuscht.
Doch der in beider Mitte steht,
beschirmt die Stadt, die Ordnung wahrend,
die das Volk sich selber gab"[44].

Es ist mit den Händen zu greifen, daß immer mehr Staaten im Zuge des galoppierenden Kulturverfalls und der schwindenden Rechtsüberzeugung nur noch bedingt regierbar sein werden. So gewinnt denn der Aufruf Platons an steigender Aktualität: „Wenn im Staate nicht die Philosophen Könige werden oder die heutigen sogenannten Könige und Fürsten sich nicht aufrichtig der Philosophie ergeben, wenn nicht beides eins wird, politische Macht und Philosophie . . . so ist des Elends kein Ende"[45].

IV

Geist und Bewußtsein

Das wahre Selbst im Menschen, die Summe seiner göttlichen Anlagen, sein inneres Erkenntnislicht ist sein Geist. Mit Recht stellt C. G. *Jung* deshalb fest, daß „das Selbst das innere Zentrum der gesamten Psyche" sei[1].

Um sich jedoch als Individualität, als eigenständige Potenz begreifen zu können, bedarf der Geist eines ihm zugeordneten Aktionsfeldes, in dem er wirken und sich auf diese Weise seiner selbst bewußt werden kann. Dieses Aktionsfeld des Geistes ist das gefährlich wogende Schleiergewebe der Seele, die sich bei jeder Verkörperung durch Aufbau und Erhaltung eines körperlichen Organismusses immer wieder um Herrschaft über Materie bemüht. Zu diesem Zwecke hat die Seele — als zeitlich begrenztes Spiegelbild des Selbst — ihr „Ich" entwickelt, das in der Schaltzentrale des Gehirns wirksam wird. Dieses Ich als Zentrum des Verstandes wertet die Erfahrungen aus, die die Sinnesorgane vermitteln, deutet die hierbei hervorgerufenen Emotionen und prüft, welche Ursachen gesetzt werden müssen, um zielstrebig einen bestimmten Erfolg herbeizuführen.

So unterscheiden die Gehirnforscher vor allem zwischen dem rationalen und dem emotionalen Gehirnteil[2].

Auf Grund der Auswertung von etwa 80 000 Träumen ist C. G. *Jung* zu der Erkenntnis gelangt, daß der Prozeß der Selbstwerdung in einem seelischen Wachstum bestehe, daß jedoch im Zuge dieses Wachstums — im Verhältnis zum Ich — das Selbst entscheidend dominiere[3].

Für das „Ich" als Zentrum des spekulativen Verstandes ist es nicht möglich, ohne die Erkenntniskraft des Selbst zu wahrem

Wissen zu gelangen, denn es urteilt subjektiv aus der niedrigen Perspektive eines zeitlich begrenzten Zweckdenkens, während das Selbst als bleibende Größe objektiv zu urteilen in der Lage ist, wenn es nicht durch die veränderliche Erscheinungsweise der materiellen Natur getäuscht wird.

So lehrt uns die Bhagavad-gita:

„Wie loderndes Feuer Holz in Asche verwandelt, so verbrennt das Feuer des Wissens alle Reaktionen auf materielle Aktivitäten"[4].

„Wer im Selbst Freude findet, ist erleuchtet . . . Daher sollte man, ohne an den Früchten der Aktivitäten zu haften, aus reinem Pflichtbewußtsein handeln . . ."[5].

Der Denkprozeß ist die Wechselwirkung zwischen dem Selbst und dem Ich, das sich hierbei der Erfahrung bedient, die ihm die körperlichen Sinnesorgane vermitteln. Die Unzulänglichkeit dieser Organe ist vor allem durch die technische Potenzierung der Wahrnehmungskraft in Erscheinung getreten, die mit Hilfe von Mikroskop, Elektronenmikroskop, Teleskop, Radioteleskop und Meßgeräten elektromagnetischer Kraftströme verschiedener Art zu einem veränderten Weltbild und damit zu einem neuen Bewußtsein geführt hat.

Von einem wahrhaft kosmischen Bewußtsein wird man aber erst sprechen können, wenn das Ich in vollendeter Objektivität zu denken gelernt hat, nämlich:

„Der im Geist Handelnde denkt. Doch wer Aktivitäten aller Art nur mit dem Verstand verrichtet, wird durch die Erscheinungsweise der materiellen Natur nur verwirrt"[6].

Indessen entspricht es dem allgemeinen Denken und Handeln der Menschheit im Laufe der überschaubaren Geschichte, die Bitternisse der Lebenserfahrungen im Wege bloßer Nachahmung überwinden zu wollen im Sinne der Erkenntnis von Kung-futse (= Konfuzius; 551—479 v. Chr.):

„Der Mensch hat dreierlei Wege, klug zu handeln: Erstens durch Nachdenken, das ist der edelste; zweitens durch Nachahmen, das ist der leichteste, und drittens durch Erfahrung, das ist der bitterste"[7].

Denn es gibt nur wenig Denker, aber viele Nachahmer. Wie ich beschrieben habe (vgl. Macht und Illusion), stellt die materielle, anorganische Schöpfung nichts anderes dar, als ein System der Bindung freier Kräfte an differenzierte Gravitationszentren unterschiedlicher Stärke und Qualität. Da wir mit unseren Sinnesorganen dieses Faktum nicht erkennen können, befinden wir uns im Zustande einer permanenten Täuschung und Selbsttäuschung. Es kann deshalb nicht verwundern, daß große Denker, die solchen Trug ahnten, voll Resignation ausriefen:

„Die ganze Welt ist wesenlos — wer dies mit weisem Sinne sieht, wird bald des Leidenslebens satt: Das ist der Weg zur Läuterung"[8].

oder:

„Das größte Glück ist, gar nicht geboren zu werden; das zweitgrößte, . . . bald sterben zu dürfen . . ., (um) was vom Schmutz der Erde anklebt, geschwind abstreifen (zu können) . . ."[9].

oder:

„Es ist unmöglich zu glauben, daß der gute Gott, der ‚Vater‘, mit dem Skandal der Schöpfung etwas zu tun hatte . . ., nicht umsonst kommen wir aus den Händen eines unglücklichen und bösen Gottes, eines verfluchten Gottes"[10].

Die Lehre Buddhas empfiehlt die Distanzierung des Selbst von allen Aktivitäten der Seele und damit ihre Loslösung vom Geist, weil die Seele den Hang zur Materie und damit zur Unfreiheit und zum Leide habe, wie ich es mit eigenen Worten erläutern möchte[11].

Wie sich aus meinen vorangegangenen Ausführungen notwendigerweise ergibt, bedeutet die Trennung von Geist und Seele in diesem Sinne indessen einen Verzicht auf Individualität und bewußte Weiterexistenz, falls es tatsächlich gelingen würde, durch Askese und Meditation die eigene Seele vom Selbst „abzuschütteln", was ich allerdings bezweifle.

Wer als ein seiner selbst bewußtes geistig-seelisches Wesen weiterexistieren möchte, dem wird wohl nichts anderes übrig bleiben, als in Evas „sauren Apfel" zu beißen, d. h. vom „Baum der Erkenntnis" zu essen[12], damit sich — nach schwerem Ringen — schließlich die Kraft seines Geistes mit der Kraft der Seele harmonisch vereinigen kann (vgl. meine Ausführungen, Vom Sinn des Lebens).

Obwohl die Buddhisten das Ziel verfolgen, durch Entsagung und meditatives Nachdenken der Seele den Drang zu immer neuer Verkörperung abzugewöhnen, damit sie dem leidvollen Dasein entrinnt und im „Nibbana" (= Nirwana) zum Erlöschen kommt[13], steht der Verzicht auf die Erzeugung von Nachwuchs nicht auf ihrem Programm. Der Buddhismus vermindert deshalb die Aktivität im wirtschaftlichen Bereich, ohne die Bevölkerungszahl entsprechend niedrig zu halten. Auch den Moslems wird in ihrem Gesetzbuch, dem Koran, nicht die geschlechtliche Enthaltsamkeit zur Pflicht gemacht. Für sie gibt es nur zwei Wege: Das Paradies für die Gläubigen und die Hölle für die Ungläubigen:

„Überlegt gut und nehmt nur . . . höchstens vier Ehefrauen . . . oder lebt mit Sklavinnen . . ."[14].

„Die Ungläubigen hat Allah verflucht und für sie das Höllenfeuer bereitet, und ewig werden sie darin bleiben, ohne Beschützer und Helfer finden zu können . . ."[15].

„Oh, meine Diener . . ., die ihr . . . Moslems gewesen seid, geht ein in das Paradies, ihr und eure Frauen, in Ehren und glückselig. Goldene Schüsseln und Becher werden die Runde machen, und ihr werdet dort finden, was eure Seele nur wünschen und eure Augen ergötzen kann, und ewig sollt ihr dort bleiben . . ."[16]. Diese Weichenstellung erfolgt wohl aber erst beim „jüngsten Gericht"[17].

Es fällt nicht schwer zu erkennen, daß die Vorstellung vom

jüngsten Gericht dem Talmud entlehnt wurde, in dem es —
weniger radikal — heißt:
„Juble sehr, Tochter Zion, jauchze, Tochter Jerusalem! Siehe,
dein König kommt zu dir, bewährt und hilfreich ist er, demü-
tig reitend auf einem Esel, auf einem Füllen, dem Eselinjun-
gen"[18].
„Der Messias kommt auf einem Esel . . ."[19].
„Und dein Volk besteht aus lauter Bewährten, für immerdar
nehmen sie das Land in Besitz . . ."[20].
„Der Herr tötet und belebt, er führt zum Abgrund und läßt
heraufsteigen"[21].
„Dann werdet ihr erkennen, daß ich der Herr bin, wenn ich
eure Gräber erschließe"[22].
„Die Toten des Landes, an dem ich mein Wohlgefallen habe,
werden lebendig; die Toten des Landes, an dem ich nicht mein
Wohlgefallen habe, werden nicht lebendig . . ."[23].
„. . . die Bewährten, die außer Landes sind (werden) durch
Wälzung (als Leichen im Land Israel auferstehen) . . . Für sie
werden Höhlungen durch die Erde gemacht"[24].
Ebenso, wie die Verfasser des Babylonischen Talmud etwa 500
v. Chr. paradiesische Zustände auf Erden mit dem Eintreffen
des Messias erwarteten und hierbei Vorstellungen entwickelten, die mit dem jetzigen naturwissenschaftlichen Weltbild
nicht zu vereinbaren sind, verfolgt die Ersatzreligion des
Kommunismus das Ziel, der Menschheit durch eine Gemein-
wirtschaft mit hoher Produktivkraft einen dauernden irdischen Glückszustand zu verschaffen.
Mit dem „Kommunistischen Manifest" vom Februar 1848
durch Karl Marx (1818—1883) und Friedrich Engels
(1820—1895) sollte die Praktizierung der wirtschaftlichen
Gleichberechtigung im Sinne des „dialektischen Materialismus"[25] beginnen. Der britische Publizist Vander-Elst behauptet, daß die gewaltsame Beseitigung freier Unternehmer und
die Einführung des Staatskapitalismus zur Vorbereitung des

Kommunismus seit 1917 etwa 143 Millionen Menschenleben in der Welt gefordert habe[26].

Als der Messias am 3. April 33 vom Großen Synhedrium in Jerusalem verurteilt worden war und sich vor dem römischen Statthalter Pilatus verantworten sollte, erklärte er dann allerdings:

„Mein Reich ist nicht von dieser Welt"[27].

Die Beachtung dieser Aussage kann gewiß vor übertriebenen irdischen Erwartungen bewahren.

Dessen ungeachtet bestehen innerhalb der Christenheit noch immer völlig unklare und verwirrte Vorstellungen von einem „jüngsten Gericht", bei dem

„die Toten . . . gerichtet (werden würden), ein jeglicher nach seinen Werken"[28].

Nicht sehr ermutigend und ohne „Gottvertrauen" ist hierbei die Warnung des Apostel Paulus:

„Schrecklich ist's, in die Hände des lebendigen Gottes zu fallen"[29].

Indessen widerspricht es der erkennbaren Dynamik des permanenten Generationenwechsels und der Kontinuität, mit der sich der strebsame Geist entfalten möchte, den Gedanken von „Toten im Wartestand" zu akzeptieren, die zu einem nicht feststellbaren künftigen Zeitpunkt in einem Mammutverfahren abgeurteilt werden.

Richtig ist vielmehr:

„Der Mensch wird *von* seinen Sünden bestraft, nicht *für* sie . . . Wer leidet, verdient sein Leiden, und wer Grund hat, sich zu freuen, erntet, wo er gesät hat"[30].

Für die Seele mit ihrem zeitlichen Ich sollte ihr Selbst, d. h. ihr Geist, das hohe Vorbild, das Gewissen, das „Ebenbild Gottes"[31] und damit der Wegweiser zu Wahrhaftigkeit und Gerechtigkeit sein. Sie ist infolge ihres Fehlverhaltens im Leben und ihrer Unvollkommenheit jedoch in aller Regel ein Zerrbild, eine Karikatur oder zumindest noch ein Torso dieses

Leitbildes. Fällt mit dem Leibestode das Ich als zwischen ihr und dem Selbst stehende „Mattscheibe" fort, dann erkennt die Seele im Spiegel ihres Geistes ihre Häßlichkeit und Ungestalt[32]. Das allein wäre schon Strafe genug. Indessen sucht sie sich unbewußt bei ihrer erneuten Verkörperung die Umgebung, die ihrer Verfassung entspricht. Diese Umgebung, d. h. Landschaft und Menschen, werden — im guten wie im bösen Sinne zum Schicksal des Menschen im weiteren Leben.

„. . . die Seele im Körper ist ewig und kann niemals getötet werden . . ."[33].

„Einem, der geboren wurde, ist der Tod sicher und einem, der gestorben ist, ist die Geburt gewiß"[34].

„Daß wir in menschlicher Gestalt auf die Welt kamen, ist die Frucht vieler vorangegangener Wandlungen und Grund zur Freude. Denn wir haben Myriaden geringerer Daseinsformen durchschritten . . . Weil der Spiegel seines Herzens ungetrübt ist, bleibt der Weise frei und unberührt von der Sucht der Menge nach Reichtum, Ansehen und Macht . . ., gelänge es, die Zweiheit . . . (vom Ich und Selbst) zur Einheit zu bringen, . . . würde sein Geist strahlend werden, wie die Sonne. Alsdann gäbe es für ihn weder Vergangenheit noch Zukunft, weder Geburt noch Tod, weder Diesseits noch Jenseits, sondern nur TAO, das Reich der Vollendung"[35].

Das Denken und Bewußtsein und damit die Geschichte des christlichen Abendlandes sind in verhängnisvoller Weise geprägt worden:

a) durch den wissenschaftsfeindlichen priesterlichen Befehl zum „Glauben",

b) durch die dämonische Erfindung einer „Erbsünde" und

c) durch die betrügerische Behauptung, die Priesterschaft sei ermächtigt und in der Lage, Sünden zu vergeben.

Zu a) Jesu, der Gott als „Geist"[36] und seinen „Vater"[37] und sich selbst als „Brot des Lebens"[38], „Licht der Welt"[39], als „Weg, Wahrheit und das Leben"[40] bezeichnet hat, ist gewiß beizupflichten in seinem Aufruf, im Interesse des Friedens[41] seinem Beispiel zu folgen und untereinander liebevoll, d. h. tolerant, gerecht und hilfreich zu sein[42].

Auch seine Seligpreisungen der „geistlich Armen" (d. h. der nicht durch Scheinwissen Verbildeten), der durch die Erfahrung des Leides Gereiften, der Sanftmütigen, der Barmherzigen, der im Denken Reinen, der Friedfertigen und der um Gerechtigkeit Ringenden[43], verdienen volle Zustimmung.

Von dem Wesen der Materie, dem Aufbau des Universums, der kosmischen Kraftentfaltung Gottes, der geistig-seelischen Struktur der lebendigen Geschöpfe und der Stellung des Menschen in diesem großen Rahmen des Daseins erfahren wir jedoch ebensowenig, wie von dem, was denn unter „Himmelreich" zu verstehen sei. In Ermangelung dieser Fakten konnte sich der Appell an den unbedingten „Glauben"[44] deshalb nur auf die Überzeugung von der Bedeutung der Persönlichkeit Jesu und auf die Richtigkeit seines Gebotes zu menschenfreundlichem Verhalten beziehen.

Das christliche Glaubensgebot als Wissensersatz für die Masse der Bevölkerung erstreckte die Geistlichkeit aber mit Hilfe eines Bildungsmonopols und geistlicher Gerichte mit fanatischem Eifer im Laufe ihrer Machtentfaltung praktisch auf alle Wissensgebiete. Die Menschenliebe blieb hierbei auf der Strecke.

Als Blankovollmacht für diese Anmaßung berief sie sich auf die angebliche Erklärung Jesu:

„Und ich will dir (Petrus) des Himmels Schlüssel geben: alles, was du auf Erden lösen wirst, soll auch im Himmel los sein"[45]. Die Machtergreifung der Christen unter der Schirmherrschaft des Kaisers Konstantin erfolgte auf dem Konzil von Nicäa am 25. August 325. Kaiser Konstantin, der mit dem Christusmonogramm an seiner Fahne im Jahre 312 bei Saxa Rubra einen Sieg errungen hatte, hatte die Christen daraufhin durch das Mailänder Edikt aus dem „Untergrund" befreit. Über die Auswirkung dieses Ereignisses schreibt der geistreiche Dichter Heinrich Heine (1797—1856):

„Wahrlich, Rom, der Herkules unter den Völkern, wurde durch das biblische Gift so wirksam verzehrt, daß Helm und Harnisch seinen welken Gliedern entsanken und seine imperatorische Schlachtstimme herabsiechte zu betendem Pfaffengewimmer und Kastratengetriller"[46].

Ebenso, wie sich die marxistische „Heilslehre" besonders unter den russischen Analphabeten ungehindert ausbreiten konnte, ließ sich bei den europäischen Barbaren ein „Glaube" im Sinne einer jeden Zweifel untersagenden klerikalen Doktrin in Ausnutzung der verbreiteten Unwissenheit und Arglosigkeit gegenüber gezielter Lügenpropaganda durchsetzen. Die Methode bestand nämlich hierbei nicht zuletzt in der Schilderung fürchterlicher Höllenstrafen für die Ungetauften, die sich nicht erlösen lassen wollten. Das gerade und offene Rechtsgefühl des freien germanischen Bauern beruhte auf der rohen Kraft und der Ehre des männlichen Kämpfers und Sippenbeschützers, dem als Lohn für den Heldentod der Aufenthalt in Walhall bevorstand. Seine Götter webten und „wirkten der Gottheit lebendiges Kleid"[47] in der freien Natur. Er kannte nicht die Schliche und Tricks obrigkeitlicher Skribenten, sondern nur den frei gewählten militärischen Anführer. Auch gab es kein professionelles Priestertum, das den im sophistischen Sinne geschulten Überredungskünsten der schreibkundigen Missionare mit geeigneten geistigen Waffen hätte entgegentreten können[48]. So konnte der asketische, das selbständige Denken lähmende „Glaube" das schlichte Bewußtsein auf die Geschichte eines Hirtenvolkes fixieren, das — wie das bei Nomaden mit knappem Weidegrund immer der Fall war[49] — um Seßhaftigkeit in einem geeigneten Gebiet mit vorhandener Bodenkultur bemüht war und sich zur Rechtfertigung dieses Unterfangens auf angebliche, detaillierte Weisungen „seines" Gottes berufen hatte. Es erstaunt deshalb nicht, daß im christlichen Europa die auf diese Denkstufe reduzierten Geistes-und Naturwissenschaften nachhaltig weit unter das Niveau der hellenistisch-römischen Kultur absanken, so daß z. B. Rom Ende des 5. Jahrhunderts kaum mehr als 1000 Einwohner zählte, die in den Trümmern hausten. Erst als mit der Renaissance auf hellenistisches Wissen in geistiger Selbständigkeit zurückgegriffen wurde, entstanden — ausgehend von Oberitalien — neue Stadtkulturen mit höherem Lebensstandard[50].

Hypnotisiert vom „Glauben" verfiel das europäische Bauerntum und damit die Mehrheit der Bevölkerung für etwa tausend Jahre in geistiger Bevormundung und Verdummung der Leibeigenschaft[51]. Es war deshalb nur konsequent, daß Papst Nikolaus V. 1452 alle Heiden und vor allem Neger zur Sklaverei freigab[52]. Der Aufschwung, den der Kolonialismus daraufhin nahm, ist allgemein bekannt. Nachdem die klerikalen Dogmen angesichts der heraufziehenden Renaissance sich nicht mehr allein mit der Androhung von Höllenstrafen verteidigen ließen, wurde mit der vierten Laterankonferenz 1215 vom Klerus die Lawine der als „Inquisition" bekannten Terrorprozesse ins Rollen gebracht. Die bestialischen Methoden der Menschenjagd und Folterungen und Ermordungen Andersdenkender hatten in der Geschichte bis dahin nicht ihresgleichen gehabt[53]. Seit der Beendigung dieses verbrecherischen Treibens in der ersten Hälfte des 19. Jahrhunderts vermag die Kirche die Verifikation ihrer — inzwischen reduzierten — Glaubenssätze im Vertrauen auf die Kritiklosigkeit ihrer Anhänger nur noch auf Denkgewohnheiten zu stützen, die im Wege der Nachahmung durch permanente Wiederholungen entstanden waren. Nur soweit sie — ohne gleichzeitige Toleranz gegenüber Unrecht und Willkür — die Menschenliebe Jesu in die Herzen einzupflanzen vermag, hat sie noch eine Existenzberechtigung. Entkleidet man sie nämlich der Tradition und des äußeren Rahmens, den ihr — auf Kosten der arbeitenden Bevölkerung — Künstler und Handwerker in den Jahrhunderten geschaffen hatten, dann bleibt anderenfalls der Kirchenbesucher nicht nur ohne zeitgemäße religiöse Information, sondern auch ohne seelische Bereicherung. Die Arbeit an der Entwicklung eines wissenschaftskonformen Weltbildes ist inzwischen in die Hände von Naturwissenschaftlern und Außenseitern entglitten[54].

Zu b) Angeregt durch die Verleitung Adams zum Ungehorsam durch sein Weib[55], alt-[56] und neutestamentliche Selbstanklagen, wie etwa: „Ich bin unter die Sünde verkauft"[57], „Der Tod ist der Sünde Sold"[58] gründet sich die christliche Lehre von der Sündhaftigkeit des Menschen insbesondere als physische Erscheinung und Geschlechtswesen. Diese Auffassung verkennt, daß der physische Leib mit größter Genialität von Gott konzipiert wurde und daß die Impulse zur Betätigung der Fortpflanzungsorgane in diesem Zusammenhang biologisch programmiet worden sind. Richtig ist allerdings, daß der Trieb Trugbilder der Phantasie schafft, die auch ohne gleichzeitige organische Stimulation das Verlangen in Gier und das Wohlbehagen von „Streicheleinheiten" in Lust hochzustilisieren vermögen. Das meint wohl auch Publius Terenz (192—159 v. Chr.) mit seinem Ausspruch: „Amantes, amentes!" (Verliebten fehlt der Verstand). Als wahnsinnig im medizinischen Sinne muß man jedoch die Wüsten- und Säulenheiligen wie Simeon, Antonius, Hieronymus u. a. bezeichnen, die zur Abtötung der Libido mit haluzinatorischen Schreckensbildern Schattenkämpfe vollführten und ihren Körper durch Unterernährung, Eingrabung, Anketten, Geißeln usw. in ein zerschundenes und stinkendes hautbespanntes Skelett verwandelten[59]. Zum Geschlechtsakt gehören von Natur aus zwei Partner. Man könnte hieraus folgern, einer allein könne gar nicht so töricht sein, mehr aufwendigen und anspruchsvollen oder sogar gefährlichen Nachwuchs hervorzubringen, als es dem wirtschaftlichen Erfordernis insbesondere im Interesse der Alterssicherung entspricht. Die Natur übertreibt den Vermehrungsprozeß etwa im Sinne einer Vorratswirtschaft jedoch in allen Bereichen. Es widerstreitet deshalb dieser — auch der biologischen Anlage des Menschen entsprechenden — Erfahrung, den Nachwuchs durch Enthaltsamkeit nach rationellen Gesichtspunkten zu „planen", d. h. knapp zu halten. Der gegebenen Situation entspricht es vielmehr, im Verhütungswege die Bevölkerungszahl — endlich — in erträglichen Grenzen zu halten. Die Libido läßt sich jedoch beherrschen, wenn man sich über ihre unbewußte, auf Selbsttäuschung angelegte Natur, das äußere Bild ihrer Erscheinungsweise, das ja wahrhaftig nicht sehr attraktiv ist, und die vermittelten Gefühlswirkungen volle und bewußte Klarheit in aller Wahrhaftigkeit und nicht heimlich gewissermaßen „durchs Schlüsselloch" verschafft.

Denn wer mit der Erkenntniskraft des Geistes den bestehenden Fakten im seelischen Bereich offen ins Gesicht sieht, kann auf die Dauer von dem Trug und Wahn der Übertreibungen nicht getäuscht werden, weil die „Spiegel" von Geist und Seele, die im gegenseitigen Reflex den Bewußtseins- und Denkprozeß hervorbringen, dann gewissermaßen parallel stehen, so daß das volle Licht des Geistes in die Seele dringen kann. Diese Parallelstellung nennt man „Wahrhaftigkeit". Sie ist die Grundlage des Vertrauens und der Verständigungsmöglichkeit insbesondere in der engen Partnerschaft der Ehe[60].

Mit Recht belehrt uns deshalb Platon[61]:

„Herrscht der Eros (die wahre Liebe) über die Lüste und Begierden, so muß er ja vorzüglich besonnen sein . . ., aus der Liebe zum Schönen und allem Guten . . . (Er ist) notwendigerweise weisheitsliebend . . ."

Mit der Verdammung der Sexualität hat die Kirche nicht nur eine geradezu antigöttliche Leibesauffassung verbreitet, sondern heuchlerische Unaufrichtigkeiten, Schuldkomplexe, Unwertsgefühle und — mit epidemischer Breitenwirkung — ein neurotisches Spannungsfeld hervorgerufen, wie es — mit entsprechendem Krankheitswert — auch jetzt noch bei kirchlichen Amtsträgern und klerikal beeinflußten Jugendlichen in erschreckendem Umfange feststellbar ist[62].

Von der Gewohnheitslüge über die neurotische innere Fehlhaltung bis zum Wahnsinn bestehen nur graduelle Unterschiede. Denn überall, wo es an der Wahrhaftigkeit fehlt, schieben sich Wahn- und Trugbilder zwischen den erkennenden Geist und das Spektrum der Seele. So führte der mittelalterliche Büßerwahn nicht nur zu krankhaften Selbstzerfleischungen, sondern — auf der Grundlage des 1487 in Straßburg von Jacob Sprenger verfaßten „Hexenhammers"[63] zu den sogenannten Hexenprozessen vor in der Regel geistlichen Gerichten, die bis zum Beginn des 19. Jahrhunderts fortgesetzt wurden. Die Scheußlichkeit dieses Wahnsinnsexzesses, dem im Laufe der Jahrhunderte Hunderttausende unschuldiger Frauen zum Opfer fielen, denen vor allem „Buhlschaft mit dem Teufel" zur Last gelegt wurde, übersteigt alle Phantasie unseres jetzigen Denkens[64]. So wurden z. B. in wenigen Jahren allein in Trier nach fürchterlichen Torturen 7000 und in Genua im Jahre 1515 über 500 Frauen als „Hexen" verbrannt[65].

Zu c) Durch seine Gedanken und Handlungen prägt ein jeder Mensch seine Seele. Sie befindet sich erst im Zustand der Vollkommenheit, wenn sie in einer harmonisch geordneten Struktur ihrem Leitstern und Vorbild, dem reinen Geist, gleicht. Der Weg hierzu heißt: Wahrhaftigkeit, Erkenntnis, Vernunft, Gerechtigkeit. Im Sinne der „Erbsünde" wäre jedem allein schon seine Existenz vorwerfbar. Nach der — verfehlten — Ansicht des „Kirchenvaters" Aurelius Augustinus (354—430) soll die nachtodliche ewige Seligkeit oder ewige Verdammung ohnehin vorbestimmt sein (Prädestination), so daß der einzelne wegen Fehlens einer eigenen Willensfreiheit auf diese beiden Alternativen seines künftigen seelischen Geschicks überhaupt keinen Einfluß haben könnte[66]. Welche Möglichkeiten sollen sich unter diesen Umständen wohl für die Kirche ergeben, einem Sünder „Absolution" zu erteilen, d. h. die Folgen seines Fehlverhaltens im seelischen Bereich von ihm abzuwenden?

Hier kann man nur mit Friedrich Nietzsche (1844—1900) sagen: „Und tut dir ein Feind Übles, so sprich: ich vergebe dir, was du *mir* tatest; daß du es aber *dir* tatest, — wie könnte *ich* das vergeben"[67]!

und:

„Gutes und Böses, das unvergänglich wäre — das gibt es nicht! Aus sich selber muß es sich immer wieder überwinden"[68].

V

Vom Wesen des Bösen

Wie ich bereits dargestellt habe (vgl. Macht und Illusion), stellt die materielle, anorganische Schöpfung ein System differenzierter Gravitationszentren unterschiedlicher Größe und Qualität dar, bei dem die an dieses Gitternetz gebundenen Energiepartikel durch Bewegung den Eindruck von Materie in ihren verschiedenen Aggregatzuständen (fest, flüssig, gasförmig, plasmatisch) hervorrufen. Im Kern von Atomen und Himmelskörpern ist also eine Festhaltekraft wirksam, die freie Energien fesselt. Nietzsche meint zwar, der Teufel, d. h. das Böse, sei der Geist der Schwere[1]. Indessen spielt sich das für menschliches Denken vorstellbare Dasein immer in einem polaren Spannungsfeld der Gegensätzlichkeiten ab[2]. So besteht auch das organische Sein, das „Leben", in einem beständigen Aufnehmen und Abstoßen von Fremdstoffen, und der berühmte griechische Arzt Hippokrates (460—370 v. Chr.), Begründer der wissenschaftlichen, europäischen Medizin, machte zum Prinzip, daß Beschwerden „durch ihnen entgegengesetzte" Behandlungsweisen geheilt werden[3]. Tatsächlich sind es oft pflanzliche und mineralische Gifte — d. h. im Grunde genommen Schadstoffe[4]—, die in geringen Quantitäten eingenommen[5], als Medizin den körperinternen chemischen Ablauf aktivieren und zur Wiederherstellung des durch Krankheit gestörten inneren Gleichgewichts führen können, wobei eine „heilende Verschlimmerung" vom kundigen Arzt als Anfang des Heilungsprozesses gewertet wird[6].
Jedenfalls lassen sich die schöpferischen Kräfte, die aus elektromagnetischen Energieteilchen Materie formen und diejenigen, die die Impulse bei der Ausbildung und Entwicklung lebender

Organismen steuern — ohne materielles Dasein überhaupt in Frage zu stellen —, nicht ethisch, kaum ästhetisch und nur oberflächlich im exaktwissenschaftlichen Bereich werten bzw. im Zusammenhang erfassen. Die Frage nach Gut und Böse kann demnach nur mit Blickrichtung auf menschliche Verhaltensweisen beantwortet werden, und zwar des einzelnen, wie auch der zusammenwirkenden Gruppe. Zwar gebietet das Alte Testament, auch Tiere strafrechtlich zur Verantwortung zu ziehen:

> „Wenn ein Ochse einen Mann oder ein Weib stößt, daß sie sterben, soll man den Ochsen steinigen . . .".[7]

Auf der Grundlage derartiger „Rechtserwägungen" sind sogar bis zum Ausklang des Mittelalters noch in deutschen Landen Tierprozesse inszeniert worden[8].

Indessen ist die Sinnlosigkeit solchen Tuns offensichtlich, denn der Vorwurf eines Frevels setzt notwendigerweise Schuld und damit Willens- und Entscheidungsfreiheit des Täters voraus. Eine solche Willensfreiheit ist gegeben, wenn die Möglichkeit einer Selbst-Erkenntnis besteht. Wie bereits ausgeführt (Geist und Bewußtsein), ist das im Menschenherzen wohnende „Selbst"[9] als Abbild göttlicher Weisheit umstrickt und umwoben von dem Schleiergewebe der Seele, die als Antriebs- und Lebenskraft um Herrschaft über Materie ringt und hierbei leicht auf Grund von Unwissenheit und Leidenschaft zur Maßlosigkeit, d. h. zur Illusion tendiert (vgl. Macht und Illusion). Je mehr die egoistischen Wünsche und Begierden das Selbst, d. h. das Organ des objektiven Wertens, überschatten, desto schädlicher wird der Betreffende für seine Umwelt, so daß man sagen kann:

Das Böse im Menschen ist die Dominierung des Ichs[10] über das Selbst durch fehlende Selbsterkenntnis und wahre Willensstärke.

Das Gegenteil des Bösen formuliert Wilhelm Busch in klassischer Kürze wie folgt:

„Das Gute, dieser Satz steht fest, ist stets das Böse, was man läßt."[11]

Das Ich als Zentrum des berechnenden, spekulativen Verstandes sieht sich irrigerweise nicht als unvollkommenes und abhängiges Glied größerer Lebens- und Daseinsformationen, sondern möchte seine Person zu einer dominierenden Zentralfigur erhoben sehen, die Maßstäbe für ihre Mitgeschöpfe setzt. Da es hierbei natürlich mit den gleichartigen Bestrebungen seiner Konkurrenten fertig werden muß, greift es zur Erreichung seiner egoistischen Ziele mit Vorliebe zur List, zu Täuschung und Lüge und notfalls auch zum Mittel der Gewalt,

„denn der Teufel, das heißt der Geist der Torheit, kann sich nicht über das Tier erheben."[12]

So ermöglichten seit etwa 3500 Jahren unvollkommene Religionen und Ideologien den herrschenden Gruppen, zu ihren Gunsten „gottgewollte" Vorrechte zu konstruieren, wie es z. B. Papst Hadrian VI (1459—1523) in anerkennenswerter Offenheit angedeutet hat:

„Wieviel die Fabel von Christus Uns und den Unseren genützt hat, ist bekannt."[13]

Mit hintergründiger Ironie, die irrtümlich zumeist als Zustimmung gedeutet wird, erklärt schließlich auch der verschlagene Staatsphilosoph Niccolo Machiavelli:

„. . . denn da diese (geistlichen) Fürstentümer von Gott errichtet und erhalten werden, würde es ein Zeichen von Anmaßung und Vermessenheit sein, darüber zu räsonieren . . .
Fürsten (aller Art), die mit List und Tücke die Köpfe der Menschen umnebelt haben . . ., sind schließlich Sieger geblieben über die, die sich auf ihre Rechtlichkeiten verließen . . . Es fehlen einem Fürsten niemals gute Gründe, seinen Wortbruch zu bemänteln . . . Die Menschen sind so einfältig und gehorchen so den Bedürfnissen des Augenblicks, daß der Betrüger immer solche findet, die

sich betrügen lassen . . . (Papst) Alexander VI handelte nie anders . . ."[14]

Der von mir angestellte Vergleich (Geist und Bewußtsein), daß das Ich einer Mattscheibe zwischen dem erkennenden Geist (= Selbst) und den Seelenkräften, die mittels der körperlichen Sinne die Erfahrungsbilder präsentieren und auswerten wollen, gleicht, wird in seiner Richtigkeit auch voll vom Ablauf der Menschheitsgeschichte bestätigt. Hierbei ist zu bemerken, daß die geschichtlichen Ereignisse nichts anderes darstellen, als die sichtbar gewordenen Gedanken, Wünsche und Begierden der Menschen, die sich verwirklichen ließen. Je mehr diese „Mattscheibe" des Ichs durch leidenschaftsbedingte Illusion und Unwissenheit getrübt ist, desto stärker wirkt sie spiegelbildlich, so daß egoistisches Denken die Frage nach einem glücklichen Leben gewissermaßen um 180° verdreht und damit falsch beurteilt. So werden z. B. die erdrückende Last und Verantwortung einer Herrscherposition mit den damit verbundenen persönlichen Unfreiheiten (z. B. Ministerämter) und ein übermäßig großer Besitz mit all den sich hieraus ergebenden Verführungen zu einem ungesunden und verdummenden, ausschweifenden Leben als erstrebenswert angesehen.

Diese Ziele menschlicher Aktivitäten sind es auch, die Mephisto in Goethes Faust zu der Feststellung veranlassen:

„Ein wenig besser tät er (der Mensch) leben, hättst du ihm nicht den Schein des Himmelslichts gegeben; er nennt's Vernunft und braucht's allein, nur tierischer als jedes Tier zu sein."[15]

Die menschliche Verstrickung in Unwissenheit und Illusion hebt auch der weise taoistische Philosoph Tschuang Tse (369—286 v. Chr.) mit den Worten hervor:

„Die Armen härmen sich ab und sind in Sorge um ihr Dasein zu Toren geworden. Die Reichen mühen sich ab und sammeln Schätze, die sie nicht recht zu nutzen wissen . . . Beide sind gleich unfrei . . . in alten Denkgeleisen festgefahren. Lust und Zorn, Freude und Trauer, Seufzer und Sorgen, Genußsucht und Unmäßigkeit, Hochmut und Zagen lösen einander ab . . . Folge solcher Besessenheit ist die Maßlosigkeit und Ungerechtigkeit ihres Wertens und Urteilens . . . Da stiehlt einer einen Geldbeutel und wird schwer bestraft. Ein anderer stiehlt einen Staat und wird Fürst . . ."[16]

Vor etwa 4,5 Milliarden Jahren begann die Erkaltung des Planeten Erde und es bildeten sich an dessen Oberfläche die Urkontinente und Urmeere aus[17]. Früheste Funde von Lebewesen mit den Proportionen und dem Gehirnvolumen heutiger Menschen (Swanscombe-Mensch) sind jedoch erst aus einer etwa 1 Million Jahre zurückliegenden Zeit entdeckt worden. Vorfahren dieses Pioniers unseres Zeitalters waren die Vormenschen, von denen der vegetarisch lebende Paranthropus gutartig war, wie etwa die jetzigen Gorillas, während der fleischfressende Australopithecus als jagender Halbaffe bereits roh behauene Faustkeile, spitze Knochen und dergleichen zum Erschlagen und Abstechen seiner Beute verwendete. Beide Arten, von untersetzter, kräftiger Gestalt und etwa 1,6 m Größe, waren im äußeren Erscheinungsbild ein Mittelding zwischen einem Menschenaffen und dem sogenannten homo sapaiens. Sie durchstreiften unverändert mehrere Millionen Jahre die weiten Ebenen und Hügellandschaften[18]. Ihr für Menschen typischer Stützfuß ermöglichte einen aufrechten Gang und der bewegliche und hoch angesetzte Daumen machte die Hand schon tauglich zu arbeitsähnlichen Verrichtungen wie auch zum Erwürgen anderer Geschöpfe[19].

Älteste Anzeichen für ein klares Umweltbewußtsein finden sich allerdings erst in den Skulpturen und — gekonnten — Höhlenmalereien, die der von der Jagd lebende Cro-Magnon-Mensch aus einer Zeit vor 35 000 bis 37 000 Jahren in Europa hinterlassen hat[20].

Früheste Spuren einer wahrhaft menschlichen Lebensweise,

nämlich die Bereitstellung der Nahrungsmittel durch Acker- und Bodenkultur, finden sich jedoch erst aus der Zeit Anfang des 8. Jahrtausends v. Chr. im Tal von Jericho[21].

Die biologische Wandlung vom Frühmenschen zum homo sapiens kann man durchaus mit einer gezielten genetischen Umprogrammierung durch kosmische Strahlen erklären. Die von den Himmelskörpern ausgehenden elektromagnetischen Ströme beeinflussen nämlich nicht nur den Hormonhaushalt und damit die Stimmung und Leistungsfähigkeit[22]. Neuere Forschungen z. B. von I. Dalzonow haben vielmehr erwiesen, daß kosmische Strahlen, wie etwa die sogenannten Sonnenpartikel X 17, auch die Erbfaktoren im Zellkern (DNS-Spirale) verändern können[23].

Während sich die Sammler und Jäger aus der Zeit des Vormenschen und der frühen Menschheitsgeschichte infolge ihrer geringen Zahl in das ökologische Gleichgewicht der Natur störungsfrei einfügten, bedeutete der Übergang des Jägers zur Züchtung und Beherrschung von Tierherden und des Sammlers zur seßhaften Bodenkultur ökonomisch eine erhebliche Produktionssteigerung durch die Verkürzung von Arbeitswegen. Das daraufhin eintretende Bevölkerungswachstum hatte weitgehende Konsequenzen im Sinne einer gefährlichen Umweltbelastung und einer Vermehrung äußerer und innerer soziologischer Konfliktsituationen. Ansehen und Macht des Nomadenhäuptlings sind der Anzahl der Herdentiere und der Frauen direkt proportional. Hieraus ergibt sich zunächst der Zwang, die vorhandenen Weidegründe und Wasserstellen voll auszunutzen und die Landschaft schließlich derartig zu überweiden, daß auch das letzte Hälmchen und Blatt abgefressen wird, die Weideflächen versteppen und die Steppen sich zu Wüsten entwickeln, nachdem der Wind auch die Humusschichten von den nunmehr ungeschützten Flächen verweht und dem Boden damit die letzte Möglichkeit zur Speicherung und Nutzung von Niederschlagswasser genommen hat. Die arabischen und nordafrikanischen Wüsten sind das Ergebnis einer solchen Entwicklung. Die Lebensweise der Nomaden bringt dann in der Folgezeit immer den Drang zu kriegerischen Expansionen mit sich:

„Wachstum bedeutet Wille zur Vernichtung des anderen, denn das Leben lebt vom Tode"[24]

schreibt Walther Rathenau (1867—1922). Die Menschengeschichte gibt ihm recht:

Jagdwaffen, ja selbst Schlingen, Fallgruben und Netze von Nomaden erwiesen sich alsbald auch zur Bekämpfung von rivalisierenden Gruppen, vor allem aber zur Durchführung von Beutezügen in die Gebiete seßhafter Nachbarn als durchaus geeignet. Deshalb galt auch seit alters her die Jagd auf Großwild als bestes Training für die Niedermetzelung menschlicher Gegner[25]. Die Gesinnung, die der Nomade bei der Unterjochung und Ermordung von Tieren entwickelt, überträgt er dann naturgemäß auch auf die Behandlung fremder Stämme und Völker. Die Frau betrachtet er als sein Eigentum[26], das nicht nur seiner Lust zu dienen bestimmt ist, sondern harte Arbeit zu leisten hat. Denn die Anfertigung des (transportablen) Hausrats, die Herstellung von Flecht- und Gewebearbeiten und Bekleidung, die Versorgung der Kinder und die Zubereitung von Mahlzeiten, das Heranschleppen von Wasser usw. ist ihre Aufgabe. Er hat deshalb viel Zeit zum Planen und Nachdenken, zum Konspirieren, zum Kundschaften und zum Tauschen, wenn es sich nicht vermeiden und durch Raub umgehen läßt. Wenig trostreich sind die Erkenntnisse von Oswald Spengler (1880—1936), daß schließlich der Krieg — im weiteren Sinne — „Schöpfer aller großen Dinge"[27] sei und die Tatsache, daß z. B. die Weltraumfahrt mit Hilfe von Raketen nicht praktiziert worden wäre, wenn diese Raketen nicht geeignet wären, Sprengstoff weit hinein in Feindesland zu transportieren[28]. Jedenfalls befanden sich Nomadenvölker in aller Welt ständig im Angriff auf besiedelte Landschaften, um dort geleistete Arbeit unentgeltlich für sich nutzen zu können. In dem antiken Zweistromland (Mesopotamien), dem biblischen Garten Eden, schufen die friedlichen Sumerer etwa ab 3500 v. Chr. mit Hilfe eines ausgedehnten Bewässerungssystems große landwirtschaftliche Betriebe und Obstplantagen. In ihren Städten Mari, Ur und Uruk entwickelten sie eine hohe Wohn- und Lebenskultur mit reichem Schrifttum (z. B. Gilgameschepos mit der von den Bibelverfassern übernommenen Sintflutgeschichte) und einer geordneten Staatsverwaltung[29]. Etwa um das Jahr 2000 v. Chr. gelang es den räuberischen, immer wieder aus dem verödeten Gebiet der arabischen Halbinsel vorstoßenden semitischen Nomadenhorden schließlich, die Sumerer unter Beseitigung der kulturtragenden Bevölkerungsschicht zu unterwerfen[30]. Seßhaft geworden, bauten sie — zur Abwehr von gleichgesinnten, konkurrierenden Nomadenstämmen — Babylon zu einer gewaltigen Festung aus und machten die sumerische Stadt Mari als letzte Zufluchtsstätte der Bevölkerung schließlich 1695 v. Chr. dem Erdboden gleich[31].

Die Gesetze des babylonischen Frühkönigs Hammurabi (1728—1686 v. Chr.)

> „Wenn ein Mann jemanden des Mordes beschuldigt, ohne es beweisen zu können, so soll der Ankläger getötet werden."

> „Wenn ein Mann in ein Haus einbricht, soll er vor der Einbruchsstelle getötet und eingescharrt (!) werden"[32]

waren nicht gerade geeignet, einen Geschädigten oder dessen Hinterbliebene zur Erstattung einer Strafanzeige zu ermutigen.

Etwa 3500 v. Chr. entstand auch an den Ufern des Nil eine erhabene Kultur eines ackerbauenden Volkes. Die alljährlichen Überflutungen des ägyptischen Ackerlandes brachten pünktlich den fruchtbaren Nilschlamm zur Düngung der Felder, machten andererseits aber auch immer wieder Vermessungsarbeiten und die Anlage neuer Bewässerungsgräben nötig[32]. Das erforderte einen Stab geschulter Beamten mit mathematischen Kenntnissen und Schreibkundigkeit. Zum Schutz ihrer langen Grenzen bauten ägyptische Pharaonen schon etwa 2650 v. Chr. im jetzigen Bereich des Suezkanals die sogenannte Fürstenmauer[33]. Ebenfalls zur Abwehr von Nomadeneinfällen vollendete der Ti'in-Kaiser Schi-huang-ti im Jahre 210 v. Chr. das größte Bauwerk aller Zeiten, die 2450 km lange chinesische Mauer[34 + 35].

Verankert in einer festen Überzeugung von der Weiterexistenz der Seele lebte das Volk der Ägypter fleißig, gesund, sauber und rechtschaffen in einem geordneten Gemeinwesen. Die Skulpturen, Bauwerke und Wandmalereien jener Zeit zeigen Sinn für Schönheit und Harmonie und die Würde anmutiger und gepflegter Menschen. Bereits 1450 v. Chr. war ihnen ein pflanzliches Empfängnisverhütungsmittel bekannt[36]. Berufsethos und Können ägyptischer Ärzte überragten bei weitem die Leistungen der europäischen Ärzte des christlichen Mittelalters[37]. Die Verteidigung der Grenzen versagte erstmals, als das Hirtenvolk der Hyksos mit Hilfe leichter Kampfwagen das Nilland für etwa einhundert Jahre beherrschte, bis es 1570 v. Chr. von Amosis und 1497 v. Chr. endgültig von Tutmosis III. besiegt wurde[38]. Bogenschützen auf Kampfwagen und Schiffen stellten danach die Hauptkraft der Landesverteidigung dar[39]. Mit den siegreichen Hyksos faßte auch der Hebräer Josef im Niltal Fuß, wie uns die Bibel berichtet[40]. Er gelangte zu Ansehen und Macht und zog alsbald seine 70köpfige Nomadensippe ins Land, der er Besitz an den ertragreichsten Gebieten verschaffte[41]. Nach einem 430jährigen Aufenthalt[42], nämlich bis es dem Pharao Ramses II 1225 v. Chr. gelungen war, nach der Schlacht von Kadesch mit dem Hirtenvolk der Hethiter, das mit Eisenwaffen ausgerüstet war, einen Frieden zu schließen[43], verließ der Stamm der Hebräer unter seinem Anführer Moses das Land. Daß sich dessen Zahl zwischenzeitlich auf 600 000 Mann erhöht hatte[44], dürfte stark übertrieben sein. Der im einzelnen vorbereitete Aufbruch erfolgte, nachdem Moses als „Passah-Opfer des Herrn"[45] in Verbindung mit der Schlachtung junger Lämmer („Stiftung des Osterlamms") unter der ägyptischen Bevölkerung des Gastlandes — natürlich verbunden mit der Plünderung von Silber- und Goldgeräten usw. — ein mitternächtliches Blutbad ohnegleichen hatte anrichten lassen[46]. Damit wurde eine Flucht für die Hebräer unvermeidlich. Zugleich erreichte der ehemalige Osirispriester Moses[47], daß die unwissende Masse der Hebräer für die bevorstehenden Abenteuer auf einen Anführer angewiesen war. Diese Ausgangsposition wußte er vortrefflich zu nutzen: Seine angebliche Stammeszugehörigkeit verstand er ihnen glaubhaft zu machen, indem er die alte Keilschriftgeschichte des sumerischen Königs Sargon von Akkad, der als Kleinkind in einem Schilfkörbchen ausgesetzt worden sein sollte[48], aufgriff und den Hebräern erklärte, er sei als neugeborenes Kind von den Eltern aus dem „Hause Levi" in dieser Weise ausgesetzt und von einer ägyptischen Prinzessin gefunden worden, die ihn einer Hofdame zur Aufzucht übergeben habe[49]. Wie auch das Übereinstimmen der Texte erweist[50], hatte der damals verbreitete Roman von dem Ägypter Sinuhe, der nach Kanaan, einem Land mit Weizen, Gerste, Weinstöcken und Feigen, geflohen war, Moses Anregung gegeben, dieses Gebiet zum Gegenstand seiner Eroberungsabsichten zu machen[51]. Um seinen Führungsanspruch zu rechtfertigen, gab er sich hierbei als Empfänger göttlicher Anweisungen und Offenbarungen aus[51a]. Die Entschlossenheit zur Vernichtung fremder Völker erreichte Moses durch die Behauptung, der Stamm der Hebräer sei ein Volk ohnegleichen[51b], er sei im Bunde mit dem „Gott Abrahams" (d. h. dem Gott der Hirtenvölker), sei „heilig"[51c] und deshalb über alle Völker der Erde gesetzt[51d].

Als Schwiegersohn des Hirtenpriesters Jesthros, dessen Herden er betreute[51d], war Moses landeskundig genug, um mit seinem Anhang durch eine Untiefe im Schilfmeer entweichen zu können, während er mit Trommelgeräuschen die nachsetzenden ägyptischen Kampfwagen in tieferes Wasser locken ließ[51e]. In bezug auf die auch heute noch häufig in jenem Gebiet zu beobachtenden Zyklone, die in einem Schlauch von nur wenigen Metern Durchmesser den Wüstensand bis zu 150 m hoch wirbeln und dabei seitlich auswandern, erklärte er den im Niltal aufgewachsenen Hebräern, es handele sich um „Rauchsäulen", mit denen der „Herr" ihm den Weg weise[52]. Auf der Halbinsel Sinai angekommen, unternahm der unter Erfolgszwang stehende Anführer alles, um ebenso genial wie trickreich und brutal aus dem amorphen Haufen die disziplinierte Gefolgschaft einer autoritären Priesterhierarchie zu machen[52a], deren Intoleranz schlechthin unübertrefflich war: Während das Volk um den Berg Sinai lagerte, begab er sich alleine hinauf mit dem Hinweis, wer ihm folge, werde es nicht überleben. Nachdem er in der Höhe Feuer entfacht und allerlei Posaunengeräusche hatte vollführen lassen, kam er wieder zum Lager und berichtete, der „Herr" habe ihm Gesetzesvorschriften mitgeteilt, die (bei Vermeidung der Todesstrafe) einzuhalten seien[53]. Danach ging er mit drei Stammesführern, darunter sein alter „Verbindungsmann" Aron, erneut auf den Berg, um die Lage zu besprechen. Zurückgekehrt eröffnete er dem Volk, „Gott" habe die Ablieferung von Edelmetall und wertvollen Stoffen an ihn als Opfer sowie die Anfertigung eines transportablen Prunkzeltes mit Thronsessel, kultischem Gerät, die Herstellung einer transportablen Schatzkiste (Bundeslade) und das Zuschneidern schmuckreicher Priesterornate detailliert angeordnet[54].

Damit standen für den Aufbau seiner militanten Diktatur nicht nur das „Startkapital" und der äußerliche Rahmen bereit, sondern es war zugleich gesichert, daß künftig alle Anordnungen und Befehle der Priesterkaste als Weisungen „des Herrn" galten. Daß Ungehorsam gegen solche göttlichen Befehle fürchterliche Vergeltungsmaßnahmen zur Folge hätten, stellte Moses alsbald in aller Breite und Anschaulichkeit dar[55]. Seines Haupthelfers bei der Machtergreifung, Aron, wußte er sich zu entledigen, sobald er ihn nicht mehr nötig hatte: Er lockte ihn auf einen Berg, degradierte ihn durch Herunterreißen seiner priesterlichen Gewänder und tötete ihn danach[56]. Hatte doch Aron vorher — in Ausnutzung einer Abwesenheit von Moses — versucht, das für „Gott" bestimmte Edelmetall an sich zu bringen und sich dann damit herauszureden gewußt, das „böse Volk" habe von ihm die Anfertigung eines „goldenen Kalbes" verlangt[57]. Auch Alexander d. Gr. (356—323 v. Chr.) hatte nach seinem Sieg über die Perser seinen nicht mehr notwendigen Heerführer Kleitos ermordet, weil dieser es ablehnte, Alexander als einen Sohn des ägyptischen Sonnengottes Ammon-Re anzuerkennen[58].

Nachdem die Requisiten priesterliche Machtfülle hergestellt worden waren, kleidete Moses in feierlicher Form die mit ihm herrschenden Priester ein[59], verordnete laufende Fleischopfer (die natürlich den Priestern zugute kamen)[60], setzte das Wehrdienstalter auf 20 fest und führte in den einzelnen Stämmen eine Zählung der waffenfähigen Männer durch, die er den jeweiligen Stammeshauptleuten unterstellte[61]. Alsdann ernannte er Stammesfürsten, die ihm hierfür erhebliche Gegenleistungen erbringen mußten und versah sich mit zwei silbernen Fanfaren, mit denen er seine Befehlssignale geben konnte[62]. Zweihundertfünfzig Aufrührer, insbesondere der Familie Korah, die gegen ihn demonstrierten, ließ Moses bei einer Abschreckungsshow mit oder auf Räucherpfannen verbrennen[63]. Alsdann verordnete er die Leistung „heiliger Gebühren" an die Priesterschaft[64]. Nach diesen organisatorischen Vorbereitungen startete dann der von „Gott" angeordnete Angriff auf die seßhaften Völker, die der Schar im Wege waren. Um den

Willen zum Töten zu stärken, erteilte dann (wieder einmal) „Gott" Weisungen etwa wie folgt:

> „Ihr sollt eure Feinde jagen und sie sollen vor euch ins Schwert fallen . . . Werdet ihr mir aber nicht gehorchen . . ., so will ich euch heimsuchen mit Schrecken . . . und den Vorrat des Brotes verderben . . ., so daß ihr eurer Söhne, eurer Töchter Fleisch essen sollt . . ."[65]

> „Du wirst alle Völker verzehren, die der Herr, dein Gott, dir geben wird . . . Du sollst ihrer nicht schonen . . . Der Herr wird diese Leute ausrotten . . . bis er sie vertilgt hat . . ."[66]

Folgt man der weiteren Bibelschilderung, dann bestand die Kampfweise der Israeliten darin, die Bevölkerung mit Ausnahme der unberührten Mädchen zu töten, die Städte und Zeltdörfer niederzubrennen und Vieh und Gerätschaften aus Metall und Edelmetall zu rauben[67]. Als die Kämpfer die erwachsenen Frauen und die Knaben der Midianiter verschonen wollten, befahl Moses „zornig", auch diese zu töten[68]. Nach der Einnahme von Jericho wurde nur die Prostituierte Rahab am Leben gelassen, die den israelitischen Kundschaftern von ihrem dort gelegenen Haus mit einem roten Seil über die Mauer geholfen hatte[69]. Es liegt nahe, daß es sich hierbei um einen Sabotagetrupp handelte, der die Mauer durch Unterminierungsarbeiten an verborgener Stelle (z. B. von einer Zisterne aus) dann zum Einsturz brachte[69a]. Um die Klopfgeräusche zu übertönen, wäre das tagelange Feldgeschrei und Posaunengeblase ebenso geeignet gewesen, wie zur Ablenkung der Belagerten.

Wie ich bereits mehrfach hervorgehoben habe, besteht wahre Erkenntnis in Selbst-Erkenntnis. Das besagt auch die Inschrift über dem Tempel von Delphi:

> „Erkenne dich selbst — und du wirst das Universum und die Götter erkennen."

Eine Religion, die dagegen menschliches Erkenntnisstreben als strafwürdige Sünde (Sündenfall) qualifiziert[70], und die — wie dargestellt — grundlose Gewalt gegen andere Völker zum Prinzip erhebt, ist nicht göttlich, sondern böse im Sinne der eingangs ausgearbeiteten Definition. Mit Recht warnt deshalb Goethe vor der Theologie mit den Worten:

„Ich wünsche nicht euch irre zu führen. Was diese Wissenschaft betrifft, es ist so schwer den falschen Weg zu meiden, es liegt in ihr so viel verborgenes Gift, und von der Arzenei ist's nicht zu unterscheiden."[71]

Sehr treffend meint Machiavelli:

„Ihr müßt beachten, daß es zwei Kampfweisen gibt: einmal durch Gesetze und dann durch Gewalt; die erstere kommt eigentlich den Menschen zu, die zweite den Tieren; aber da die erste oft nicht genügt, muß man auf die zweite zurückgreifen. Daher muß der Fürst gut verstehen, Mensch und Tier zu spielen."[72]

Einschränkend ist jedoch zu bemerken, daß nur die notwehrbedingte Gewalt rechtens und damit billigenswert ist. Es ist vielmehr menschenunwürdig, raubtierhaft mit Menschen und Tieren umzugehen. Ein „Gott", der den Acker und dessen Besteller verflucht und erklärt, der Mensch sei (nur) aus Erde gemacht und werde (nach seinem Leben) wieder zu Erde[73], verwechselt das Vergängliche mit dem Ewigen und weiß nicht, daß ein menschenwürdiges, echtes Gemeinschaftsleben nur auf der Grundlage von Bodenkultur und Landschaftspflege möglich ist. Wer aber unwissend ist, kann nicht „Gott" genannt werden.

Um den Trostgedanken einer Weiterexistenz nach dem Tode auch in die mosaische Religion einzufügen, ist — wie schon mitgeteilt (Geist und Bewußtsein) — etwa 500 v. Chr. von den Israeliten in Babylon der Gedanke einer Totenerweckung durch den Messias in die Heilsschriften aufgenommen worden. Hierbei ist auf die altpersische Mythologie zurückgegriffen worden, derzufolge der Erlöser Sosiasch mit Hilfe des Helden Ki-Kaus am Ende der Welt die Toten zum ewigen Leben führen wird. Sosiasch soll übrigens von einer Jungfrau geboren worden sein[74]. Wie so manches andere finden auch religiöse Erfolgsrezepte oftmals Nachahmung: So behauptete z. B. Sargon II von Assur (721—705 v. Chr.) zur Rechtfertigung seiner blutigen Raubzüge, er müsse im Auftrag seines Gottes Aschschur die Weltherrschaft erringen[75].

Inspiriert von den Ideen des Moses fanatisierte Mohammed (570—632) seine nomadischen Araber zum Einfall in fremdes Siedlungsgebiet mit Worten wie:

> „Allah gehört die Herrschaft über Himmel und Erde . . . Allah hat Wohlgefallen an den Gläubigen . . . und belohnt sie mit . . . Sieg und mit großer Beute . . .‟[77]

Um Beute und Machtentfaltung in einem geradezu pathologischen Exzeß ging es auch dem mongolischen Unhold Dschingis Khan (1155—1227), der sich in Anerkennung seiner so erfolgreichen Massenmorde von seiner Priesterschaft bestätigen ließ, daß er nach seinem Tode ein Gott sein werde[78].

Die Römer dagegen entfalteten ihre politische Macht im Rahmen einer klaren Rechtsordnung, in deren Mittelpunkt der Staat, nämlich das Machtzentrum Rom stand[79]. Sie konnten es sich deshalb leisten, fremde Religionen zu tolerieren, solange die unterworfenen Völker auch die römischen Staatsgottheiten anerkannten[80].

Die genialste Leistung von Moses war ohne Zweifel der geschilderte Trick der Verkündung göttlicher Gebote aus menschlichem Mund, der dann von Mohammed so erfolgreich nachgeahmt worden ist. Bis dahin bestand die Religionsausübung darin, die vermeintlich schicksallenkenden göttlichen Mächte durch Opfer und Verehrung wohlgesonnen zu machen und ihre Wünsche und Ratschlüsse durch Ausdeutung der Innereien von geopferten Tieren oder andere Orakelmethoden im Einzelfall zu ermitteln[81]. Daß „Gott‟ Gesetze auf Tafeln fixierte, war ein absolutes Novum und eine Tat von ge-

radezu umwälzender Bedeutung. Vor allem, als es dem christlichen Priesterkönigtum in Rom — erstmalig durch den Papst
Damasus (366—384) — gelang, die bis dahin nur dem Senat
von Rom zustehende, gesetzgebende Gewalt zu erlangen und
durch Bündnisse mit zumeist ausländischen Kriegsfürsten
auszubauen[82]. Geistige Unfreiheit führt zwangsläufig auch zu
persönlicher Unfreiheit, weil nur der Wissende in der Lage ist,
seine Rechte gegen fremdes Machtstreben zu wahren. Das mosaische Prinzip priesterlicher Alleinherrschaft im geistigen Bereich (der priesterliche Mund spricht das Gesetz Gottes, neben
dem es kein anderes geben darf) ist die Basis päpstlicher Macht-
ansprüche. So nahm das Verhängnis im keltisch-germanischen
Lebensraum seinen Lauf, als ein in jeder Hinsicht verworfener
und verbrecherischer Mörder, der Frankenfürst Chlodwig
(466—511) sein Bündnis mit dem Papst am 25. Dezember 496
oder 497 durch den Akt seiner Taufe zum Ausdruck brachte[83].
Das Machtstreben einzelner, die wirtschaftlich unabhängig
sind, ist die Ursache kriegerischer Konflikte. Denn wer sich
nicht um nützliche Arbeit zu kümmern braucht, hat seine
Kräfte für aggressive Unternehmen frei. So waren bei den frei-
en germanischen Bauern Anführerpositionen nur zu militärischen Zwecken auf Zeit erforderlich und vorhanden[84]. Gerade
darin lag allerdings ein nicht zu unterschätzender Anreiz für
die Führerschaft, militärische Unternehmen möglichst häufig
oder sogar dauernd zu betreiben, um aus der Anführerposition
eine Fürstenstellung zu machen. Die gewaltsame Christianisierung war für Chlodwig natürlich ein willkommener Anlaß,
sowohl seine eigenen Gefolgsleute als auch andere Stämme zu
unterwerfen. Damit nahm die Unfreiheit des germanischen
Bauern, die letztlich in einer rund tausend Jahre währenden
Leibeigenschaft endete, ihren Anfang[84a]. Motiviert durch sein
grenzenloses Machtstreben, schränkte Karl d. Große
(742—814) gerade auch im Interesse seiner Position als militärischer Anführer die bäuerlichen Freiheiten weitgehend durch

die von ihm erlassenen, sogenannten Capitularien ein[85], mit welchen er nicht nur den Status des eigenen Grundbesitzes in den eroberten Gebieten regelte und sich eine dauernde Machtposition sicherte, sondern in denen es u. a. heißt:

„Forsagistu Thunaer endo Woden endo Saxnote ende allun them unholdun, the hira genotas sind." (Entsage Donar und Wotan und Ziu und allen den Unholden, die ihre Genossen sind.)"

„Des Todes sei, wer gewaltsam in eine Kirche eindringt ... Des Todes sei, wer das 40tägige Fasten nicht hält und Fleisch ißt ... Des Todes sei, wer nach heidnischem Kult einen Toten verbrennt ... Des Todes sei, wer der Kirche den Zehnten verweigert ..."[86]

Es ist kein Zufall, daß das unglückselige Bündnis zwischen der Feudalherrlichkeit und dem Klerus, das im 30jährigen Krieg mit einem Akt völkischer Selbstzerfleischung endete (1618—1648), vor allem in einer Massenausrottung der entrechteten Bauernschaft seinen Niederschlag fand.

Das Christentum wurzelt in der Aktivität des Apostels Paulus (10 v. Chr.—66 n. Chr.), dessen Land Judaea 61 v. Chr. von Pompeius für Rom erobert worden war[87]. Entsprechend den mosaischen Theorien[88] empfand er die Fremdherrschaft als göttliche Strafe für sündhaftes Verhalten[89], tröstete aber seine Landsleute damit, daß Jesus sich für die Seinen als Passah-Lamm dem göttlichen Zorn geopfert habe[90] und auf Grund dieser Erlösertat[91] bald wiederkehren werde, um Mißstände als der Messias oder Christos = Christus an der Seite des Herrn zu beseitigen und hierbei die Totenerweckung vorzunehmen[92]. Seine Missionstätigkeit begann etwa 50 n. Chr. und damit einige Jahrzehnte vor dem Niederschreiben der sogenannten Evangelien in ihrer ursprünglichen, später vielfach veränderten Fassung[93]. Da die Erhebung eines Menschen in den Götterstand (Apotheose) im römischen Reich nur für den Caesar in Frage kam und durch Senatsbeschluß erfolgte[94], mußten die paulinischen Briefe vorsichtig formuliert werden. Möglicherweise erklärt sich hieraus, daß sie viele Worte, doch wenig Fakten und Informationen enthalten.

Wie die Kirche den Gedanken der menschlichen Sündhaftigkeit aufgegriffen und verwertet hat, habe ich schon beschrieben (Geist und Bewußtsein). Die christliche Erlösungsfunktion hat sie sich selbst zugeschrieben[95]. Den Erfolg mögen meine Leser beurteilen.

VI

Die freie Gemeinschaft

Das irdische Sein als zeitlicher Gleichgewichtszustand entgegengesetzt wirkender Kräfte stellt eine kaum faßbare mathematische Spitzenleistung dar. Das gilt nicht nur für die aus kosmischen Strahlen entstandene Materie, sondern auch für die Programmierung und Koordinierung lebender Zellen in der Vielfalt der Erscheinungen. Leider ist die Lebensqualität der Bewohner des Planeten Erde nicht von gleicher Perfektion: In der Pflanzenwelt wird in hartem und bedrängendem Existenzkampf durch Anpassungsfähigkeit in Form und Struktur, durch Lockspeisen für bestäubende Insekten (Nektar) und sogar durch Stacheln, Säuren und Giftstoffe um Licht, Luft, Wasser, ein wurzelfähiges Erdreich, Arterhaltung und Abwehr von Pflanzenfressern gerungen. Erlahmt die Lebenskraft der einzelnen Pflanze, dann wird sie sogleich das Opfer von Bakterien und Pilzen. Der Drang der Pflanzen nach Entfaltung, Verbreitung und Vermehrung kommt Menschen und Tieren zugute, die sich vom Überschuß ihrer Wachstums- und Fruchtbildungskraft ernähren können, ohne damit fühlenden Lebewesen Schmerz zuzufügen und ohne Notwendigkeit, den Bestand der Pflanzen insgesamt bedrohlich zu vermindern. Besteht nämlich die Gefahr der Verkümmerung eines lokalen Pflanzenbestandes in freier Wildbahn durch eine Überzahl von Pflanzenfressern, dann greifen fleischfressende Tierarten ein, um mit Zähnen, Krallen, Giften und Würgekraft die Gefahr für den Fortbestand der Flora abzuwenden. Anders verhält es sich, wenn der Mensch anstelle von verantwortungsbewußter Bodenkultur Raubbau treibt, indem er der Pflanzenwelt mehr entnimmt, als durch ein ergänzendes Wachstum

wieder ausgeglichen werden kann. Als Wohnstätte der Welt-
bevölkerung, deren Zahl sich von 1900 bis 1977 von 1,61 auf
4,11 Milliarden erhöht hat[1], bietet die 510 Millionen qkm große Erdoberfläche nur Landmassen von 149 Millionen qkm an,
die jedoch aus Mangel an Wärme, Niederschlägen und Humusschichten nur zum geringen Teil für eine Bodenkultur geeignet sind[2]. Wie schon geschildert (Vom Wesen des Bösen),
sind im Laufe von Jahrtausenden weite Landstriche durch
Überweiden zu Steppen oder sogar Wüsten geworden. Diese
von Nomaden verursachte Verödung der Landschaft ist von
seefahrenden Völkern mit piratenhafter Lebensart wegen des
großen Bedarfs an Langhölzern für den Schiffsbau vor allem
im Mittelmeerraum vom Altertum bis in die Neuzeit geför-
dert worden. Durch das Abholzen der Waldbestände ohne
gleichzeitige Aufforstung ist der Landschaft der für die Erhaltung der Bodenfeuchtigkeit und Humuserneuerung erforderli-
che Schutz genommen worden[3]. Mit Recht meint Oswald
Spengler:

"Jedes Wirtschaftsleben ist Ausdruck eines Seelenle-
bens."[4]

"Alles höhere Wirtschaftsleben entwickelt sich an und
über das Bauerntum"[5] (d. h. durch planmäßige
Landschafts- und Bodenpflege im weitesten Sinne).

"Der Urkrieg ist immer auch Raubkrieg, der Urhandel
mit Plünderungen und Piraterie aufs engste verwandt."[6]

Raffgier, Herrschsucht und räuberische oder gar parasitäre Gesinnung haben in der Tat der Pflanzenwelt mehr an Substanz
entnommen, als durch natürliche Wachstumskraft ergänzt
wurde. Daß dieses kurzsichtige Vorteilsstreben notwendigerweise zur weltweiten Verarmung führen muß, liegt auf der
Hand. Führend auf diesem Gebiete sind derzeitig natürlich die
USA. Hier verringert sich die Ackerfläche durch Raubbau täglich um 16 qkm[7]. Der Initiative der dortigen Unternehmerschaft ist es auch überwiegend zuzuschreiben, daß seither in

Afrika, Südamerika und Südostasien rd. 200 000 qkm Edelholzwälder vermarktet wurden[8]. Die von den USA durchgesetzte „Entwicklungshilfe"[9] begünstigt, daß sich die farbigen Völker — durch den katholischen Klerus vom Gebrauch von Empfängnisverhütungsmitteln abgehalten — explosionsartig vermehren und vor allem durch Brandrodung die Waldbestände um fast 50 % vermindert haben[10]. Die weltweit gelenkten Medien in Verbindung mit überregionalen Organisationen haben die „reichen Industrienationen" mit gezieltem Gewöhnungseffekt im Laufe von vier Jahrzehnten tatsächlich dahin bringen können, daß sie auf Kosten der schwer arbeitenden eigenen Bevölkerung der „dritten Welt" ohne Gegenleistung technisches Wissen zur Verfügung stellen, die dortigen oligarchischen Gruppen finanziell stützen und weiße Siedler im ehemaligen Kolonialgebiet mit pausenlosem „Mehrheitsgeschrei" verdrängen helfen. Im Interesse des Überlebens in einer übervölkerten Welt wird ein weltweiter Kampf um kultivierbare Bodenflächen, gesunde Wälder, Schutz der bedrohten Binnengewässer und Meere vor Vergiftung und Überfischung, um die Erhaltung der Freiheit der Meere und um Rohstoffquellen insbesondere von Energieträgern bei Fortsetzung dieser Entwicklung unvermeidbar werden.

Schon im ersten Quartal des 20. Jahrhunderts hat der Großindustrielle Walther Rathenau (1867—1922) an Frank Wedekind geschrieben:

> „Auf dem . . . Arbeitsfelde . . . wirtschaftlicher Führung . . . hat im Laufe eines Menschenalters sich eine Oligarchie gebildet . . . Dreihundert Männer . . . leiten die wirtschaftlichen Geschicke des Kontinents und suchen sich Nachfolger aus ihrer Umgebung . . . sie können Zehntausende Hungers sterben lassen. Sie können auch den Purpur nicht auf eigenen Schultern tragen: Aber sie können jeden Strohmann damit behängen und ihm Krieg und Frieden diktieren . . . Die Macht liegt in der

Anonymität . . . Mehrere (von ihnen) sind unzurechnungsfähig."[10a]

Damit sind die gegenwärtigen Gefahren für die Lebensgrundlagen der Völker skizziert.

Wie bereits erläutert (Vom Sinn des Lebens), ist der Mensch schon aus ökonomischen Gründen nur als Gemeinschaftswesen existenzfähig. Er braucht die Partnerschaft aber auch zu seiner geistigen Reife: Die Übernahme von Pflichten und der Austausch von Ideen und Erfahrungen schulen Willen und Einsicht, so daß sich eine gesunde Urteilsbasis auf ethischem und ästhetischem Gebiet entwickeln kann. Im Bewußtsein des Eigenwertes lernt ein jeder auch die Werte und Schwächen der ihn tragenden Gemeinschaft kennen. Damit findet das Ich über das Du zu seinem (höheren) Selbst (vgl. Geist und Bewußtsein).

Im europäischen Kulturraum ist die Frau Mittelpunkt des Familienlebens mit ihrer Fürsorge, die sie im Heim entfaltet. Im richtig verstandenen Marienkult sollte die Hochachtung zum Ausdruck kommen, den hingebende Mutterliebe verdient.

Für den Mann als den eigentlichen Gestalter größerer Gemeinschaften sollte das Wort von Walter Flex (1887—1917) gelten:

„Das Du wie ein Glockenton feierlicher Selbsthingabe an Freund, Volk und Vaterland."[11]

Die Lebensgemeinschaften (Familie und Volk), in die ein jeder hineingeboren wird, entsprechen seiner seelischen Verfassung und dem verdienten Schicksal (vgl. Geist und Bewußtsein). Das tragende Zusammengehörigkeitsgefühl erhalten diese Gemeinschaften durch Abstammung und Tradition[12]. Wie die Ähnlichkeit mit den Eltern anschaulich macht, muß sich das Kind beim Heranbilden seines Körpers mit seiner individuellen Lebenskraft in bestehende Programme einfügen. Die Abstammung ist damit das Schicksal, das jeden in den Zyklus seiner Lebensaufgaben hineinführt. Bei deren Bewältigung kommen ihm aber wirtschaftliche Hilfe, Rechtsschutz und Tradition, d. h. der Erfahrungsschatz auf geisteswissenschaftlichem, musischem und handwerklichem Gebiete zugute, der im Laufe vieler Generationen erarbeitet, erkämpft und bewahrt werden mußte. Solche Gaben verpflichten jeden redlichen Empfänger, der nicht mehr nehmen will, als er zu geben bereit ist. Mit Recht schreibt deshalb William Shakespeare (1564—1616):

"Du bist des Staubs nicht wert, den dir der Wind ins Antlitz weht . . .
Ein Wesen, das verachtet seinen Stamm,
kann nimmer fest begrenzt sein in sich selbst.
(Wer) vom mütterlichen Baum sich löst und selber abzweigt, muß durchaus verwelken und Todeswerkzeug sein[13].

Zwar hieß es z. B. in den bis 1945 geltenden "Pflichten des Deutschen Soldaten", die Millionen von jungen Männern im Kampf gegen eine vielfache, weltweit aufgehetzte Übermacht heroisch erfüllt hatten:

"Die Ehre des Soldaten liegt im bedingungslosen Einsatz seiner Person für Volk und Vaterland bis zur Opferung seines Lebens . . .
Höchste Soldatentugend ist der kämpferische Mut . . .
Selbstbewußt und doch bescheiden, aufrecht und treu, gottesfürchtig und wahrhaft, verschwiegen und unbestechlich soll der Soldat dem ganzen Volk ein Vorbild männlicher Kraft sein. Nur Leistungen berechtigen zum Stolz."[14]

Was nützten jedoch aller Mut und alle Opferbereitschaft, wenn einflußreiche Offiziere von hohem Rang im Zusammenwirken mit hohen Ministerialbeamten, nachdem sie die westlichen Gegner in der Absicht zur Kriegserklärung an das Reich bestärkt hatten[15], planmäßig die grauenhafte Niederlage und Schändung ihres Volkes durch Verrat von bevorstehenden militärischen Operationen[16], durch die Verhinderung des Einsatzes erfolgversprechender Waffen und durch Fehlleitung des

Nachschubes an Verpflegung, Treibstoff und Munition[17] herbeizuführen halfen, um sich den späteren Siegern als künftige Vasallen empfehlen zu können[18].

Ungeachtet aller verlogenen Beschönigungen dieser Verhaltensweisen: Verräter waren zu allen Zeiten gewissenlose Schädlinge des Gemeinwesens, die zumeist aus Gewinnsucht Vertrauen mißbrauchten. Dergleichen schändliche Gesinnung findet man im Tierreich nicht.

Mit der Zerstörung der Tradition schwinden Zusammengehörigkeitsgefühl und der Sinn für Schönheit und Harmonie, Recht und Ordnung.

Seit der Mainzer Franz Bopp 1916 die Sprachverwandtschaft zwischen dem Altindischen, Persischen, Griechischen, Lateinischen und Germanisch-Keltischen nachgewiesen hat[19], kann man von einer großen kelto-germanischen Völkerfamilie sprechen, die sich am reinsten in Mittel- und Nordeuropa erhalten hat. So hatten die germanischen Bauernvölker ihren Siedlungsraum in der Zeit zwischen 2000 und etwa 300 v. Chr. von Südschweden und Nordjütland bis zum Niederrhein und von Schlesien und von der Mosel bis zur Weichsel erweitert[20] und hierbei nicht nur eine hohe Kunstfertigkeit in der Verarbeitung von Bronze und Edelmetallen, sondern ab 1000 v. Chr. sogar schon die Fähigkeit entwickelt, Waffen und Geräte aus Eisen herzustellen[21]. Sie hatten also bereits eine hohe Kulturstufe erreicht, bevor Rom 575 v. Chr. durch den etruskischen König Tarquinius Priscus gegründet wurde[22].

Cornelius Tacitus (53—120) berichtet, daß die Germanen groß, blauäugig und rotblond und rassisch unvermischt gewesen seien, die Ehe und die Ehre der Frauen, denen sie die Sorge um Haus, Hof und Acker anvertrauten, hochhielten und daß sie ihre Stammestraditionen in uralten Gesängen priesen[23]. Über die Gemeinschaftsordnung schreibt er:

> „Die Könige wählen sie nach dem Adel ihrer Abkunft, die Herzöge auf Grund persönlicher Tapferkeit".[24]

„Es ist in den Stämmen Sitte, daß jeder einzelne unaufgefordert dem Gefolgsherrn Vieh oder Korn liefert; diese . . . Spenden . . . ermöglichen . . . die notwendigen Ausgaben"[25].

„Den Königen steht keine unbegrenzte oder willkürliche Machtbefugnis zu, und die Herzöge führen mehr durch ihre Vorbildlichkeit als Befehlsgewalt."[26]

„Über geringfügigere Anliegen beschließen die Gaufürsten allein, über bedeutendere alle Gemeinfreien."[27]

„Vor dem Thing (Versammlung aller Freien) darf man Klage erheben . . . Verräter und Überläufer knüpfen sie an dürren Bäumen auf, Feiglinge, Kampfscheue und der Unzucht überführte versenken sie im Morast eines Sumpfes."[28]

„Sie siedeln in einzelnen, voneinander weit abliegenden Gehöften."[29]

„Daß man Kapital ausleihen und durch Zinsen anwachsen lassen kann, ist den Germanen unbekannt . . .
Das ackerbaufähige Land wird in einem der Zahl der Bebauer entsprechenden Umfange von der gesamten Dorfgemeinde zu wechselnder Bebauung in Besitz genommen, dann teilen sie es untereinander nach Rang und Würde auf; die weite Ausdehnung des verfügbaren Ackerlandes sichert eine leichte Teilung."[30]

Besonders lobend erwähnt Tacitus den Stamm der Chauken (Sachsen mit Wohngebiet etwa im jetzigen Ostfriesland):

„. . . der es vorzieht, sich seine Größe durch Gerechtigkeit zu erhalten. Frei von Habgier und Herrschsucht, leben sie in stiller Abgeschiedenheit, beschwören keine Kriege herauf und verwüsten fremde Gebiete nicht durch Raubzüge und Überfälle . . . trotzdem haben alle die Waffen griffbereit zu liegen, und wenn es die Lage erfordert, steht ein gewaltiges Heeresaufgebot an Kriegern und Pferden bereit . . ."[31]

Gemessen an dem damaligen Wissensstand und den entsprechend bescheidenen Wirtschaftsmitteln, schildert Tacitus freie Lebensgemeinschaften, bei denen ein jeder unmittelbar und gleichberechtigt im Thing an der Klärung von Fragen der Rechtsfindung und des Gemeinwohls mitwirken konnte. Er war bei militärischen Aktionen zwar freier Gefolgsmann, sonst aber niemandes Untertan. Auch konnte sich jeder — im Sinne des Leistungsprinzips — durch Tapferkeit, Tüchtigkeit und Rechtschaffenheit Ansehen, Einfluß und den notwendigen Lebensbedarf verschaffen. Schließlich war bei den Germanen vor der Christianisierung auch noch das Eigenwert-, d. h. Ehrgefühl ausgeprägt und damit das Bemühen, durch Leistung und nicht durch Anmaßung, Prunk und Reichtum Geltung oder durch Unterwürfigkeit Vorteile zu gewinnen[32]. Ebenso wie im antiken Griechenland[33] gab es bei den germanischen Stämmen keinen Priesterstand[34]. Sie blieben damit von geistiger Unfreiheit und wirtschaftlicher Ausbeutung durch organisierte „Heilsvermittler" verschont.

Von den Chinesen in den Kaukasusraum zurückgeworfen, bedrängte das turkomongolische Nomadenvolk der Hunnen ab 375 n. Chr. das Siedlungsgebiet der Ostgoten am Schwarzen Meer[35]. Deren offene Siedlungsweise machte sie gegenüber Überraschungsangriffen fast wehrlos. Auch scheint bei ihnen der Kontakt mit nichtgermanischen Völkern frühzeitig die Ausbildung von Adelsvorrechten begünstigt zu haben, denn Tacitus fand schon zu seiner Zeit bei den Goten die Sitte vor, daß Waffen von königlichen Sklaven unter Verschluß gehalten wurden[35a]. Nicht nur die Goten, sondern auch andere germanische Stämme, die nicht unmittelbar durch die Hunnen bedroht waren, verließen mit all ihrer beweglichen Habe aus noch nicht eindeutig geklärter Ursache ihre Heimat, um in die klimatisch begünstigten Regionen Süd- und Südwesteuropas vorzudringen[36]. Hierbei stießen sie auf das römische Imperium, das durch die Entartungserscheinungen des Caesarismus nach der Regentschaft von Augustus (63 v. Chr.—14 n. Chr.) und durch die Unterminierungstätigkeit der Christen (vgl. Geist und Bewußtsein) bereits entscheidend geschwächt war[37].

> „Paulus kam nämlich auf den Gedanken, den moralischen Halt der römischen Soldaten durch die Lehre der Liebe und des Pazifismus zu brechen, um so Rom zu Boden zu ringen und zu demütigen."[38]

Der Ansturm der Germanen brachte zwar das Imperium zu Fall[39]. Soweit sie nicht aufgerieben wurden, gingen aber auch die fehlgeleiteten germanischen Stämme in den Völkern der Invasionsgebiete auf, bisweilen zum Bruderkampf mißbraucht[39a].

Letztlich erfüllte sich die Weissagung der Auguren bei der Einweihung des Capitols für das Imperium:

> „Nie wird die Jugend Roms verblühen, solange sie den Göttern in Ehrfurcht naht[40].

Denn mit der Preisgabe der religiösen Tradition fiel auch Rom. Daß die Germanen die Mühsal und Not endloser Wanderungen mit ungewissem Ziel aus Abenteuerlust in Kauf genommen haben, ist nicht anzunehmen. Viel wahrscheinlicher ist es, daß sie in Erwartung besserer Daseinsbedingungen den Schritt in die Ferne wagten, von Reisenden[40a], vor allem aber Händlern planmäßig überredet, gegen Rom zu marschieren.

Soll ein Gemeinwesen Bestand haben, dann müssen die Führungskräfte von idealistischer Denkart sein, d. h. sie müssen den Prinzipien von Wahrheit, Gerechtigkeit und Schönheit folgen und damit bleibenden Werten dienen. Ihre Seelenverfassung formt die Geschicke der Völker. So heißt es in der Bhagavad-Gita:

> „Bedingt durch die materielle Natur befinden sich die verkörperten Lebewesen im Zustand der Reinheit, der Leidenschaft oder der Unwissenheit[41].

> Infolge seines wahren Wissens erleuchtet der Zustand der Reinheit das Zusammensein im Glück am hellsten[42].

Der Zustand der Leidenschaft wird durch Lust und Begehren hervorgerufen, das den verkörperten Menschen an die Erfolge seiner Aktivitäten fesselt[43].

Ergebnisse des Zustandes der Unwissenheit sind Täuschung, Wahn und beschränktes Bewußtsein[44].

Im gleichen Sinne unterscheidet Platon (427—347 v. Chr.) — entsprechend der geistig-seelischen Verfassung — drei menschliche Grundformen:

1) den philosophischen, nach Erkenntnis und Wahrheit strebenden Geistesmenschen,

2) den ehrgeizigen Tatenmenschen, dessen Wille auf Ruhm, Macht und Erfolg gerichtet ist und

3) den gewinnsüchtigen Geldmenschen, dem Erkenntnisstreben und Ehre nichts bedeuten[45].

Ein System, das gewährleistet, daß Gesetzgebung und Regierungsgewalt von philosophischen Geistesmenschen gehandhabt werden, ist bisher noch nicht praktiziert worden.

Dennoch konnten große Denker wie Pythagoras (570—495 v. Chr.), Platon (427—347 v. Chr.), Zenon (340—262 v. Chr.), Seneca (4 v. Chr.—65 n. Chr.), Rousseau (1712—1778), Schiller (1759—1805), Kant (1724—1804) und Schopenhauer (1788—1860) durch die Überzeugungskraft ihrer Gedanken in starkem Maße auch die politischen Ereignisse beeinflussen.

Freilich vermag ein weiser Gesetzgeber und Regent manchmal erst zu wirken, nachdem er mit Mitteln der Gewalt und des Zwanges ererbte Vorrechte Unwürdiger, die Herrschaft eines Tyrannen oder anderer Schädlinge des Gemeinwesens ausgeschaltet oder das Joch auswärtiger Macht zerbrochen hat.

So mußten Julius Caesar (100—44 v. Chr.)[46] und Napoleon (1769—1821)[47] Adelsvorrechte beseitigen und Bürgerkriegszustände beenden, bevor sie großräumig gesetzliche Neuordnungen von bleibender Bedeutung[48] vornehmen konnten.

Man wird deshalb Machiavelli zustimmen müssen, der erklärte:

„Gerecht ist der Krieg in der Not, und gesegnet sind die Waffen, wenn sie die einzige Hoffnung sind[49].

Die platonischen Grundformen des nach Erkenntnis strebenden Geistesmenschen, des nach Erfolg strebenden Tatenmenschen und des gewinnsüchtigen, auf Übervorteilung anderer bedachten, spekulierenden Geldmenschen sind in den meisten Persönlichkeiten in einem unterschiedlichen Mischungsverhältnis anzutreffen. In den Persönlichkeitsbeispielen Caesar und Napoleon vereinigten sich gleichmäßig Erkenntniskraft und Ruhmessucht, während beiden das Geld nichts bedeutete[50]. Als Tatenmenschen mußten sie sich zuerst eine Machtposition schaffen, die ihnen die Möglichkeit bot, das alllgemeine Ordnungssystem zu verbessern. Der größte Gegensatz zum Geistesmenschen ist der spekulierende Verstandesmensch, der Geldmensch, zu dessen Arbeitsmethode die zielstrebige Lüge gehört und bei dem das (höhere) Selbst durch das (falsche) Ich immer mehr verdunkelt wird (vgl. Geist und Bewußtsein). Die Lüge ist die Verdunkelung des Geistes und damit die Ausschaltung aller ideellen und damit bleibenden Werte. Zum Dämonischen tendiert aber auch der irregeleitete Geist, der zur Unterdrückung und Ausbeutung arbeitender Menschen Dogmen setzt, die den „Gläubigen" gestatten, den „Ungläubigen" zu entrechten (vgl. Vom Wesen des Bösen). Durch solche Fesseln des Geistes wird die Freiheit mit Langzeitwirkung beseitigt[51], während die Schäden, die der unbändige, von übertriebenem Ruhm- und Geltungsbedürfnis beseelte Eroberer überwiegend im materiellen Bereich anrichtet, nur von kurzer Dauer sind[52]. Um Erfolgen eines solchen Mordbanditen im Prunkgewand gewisse Dauer zu verschaffen, empfiehlt Machiavelli:

„Beim Raub eines Staats muß der Eroberer alle Schandtaten überdenken, die er notwendig verüben muß, und sie auf einen Schlag erledigen, um sie nicht jeden Tag wiederholen zu müssen — . . . Die Wohltaten müssen

aber nur nach und nach erfolgen, damit sie sich um so
tiefer einprägen."[53]

Geld ist seinem Ursprung nach ein allgemein begehrtes und
deshalb tauschbares Wirtschaftsgut (z. B. Vieh, Edelmetall).
Obwohl heute — insbesondere in Form des Buchgeldes — ohne eigenen Sachwert, dient es dennoch als Wertmaßstab beim
Austausch von Waren und Leistungen, ohne daß es für den arbeitenden Menschen einen Selbstzweck hätte. Einen solchen
hat es jedoch für den Geldmenschen, der es auf Zinsen „aus-
leiht". Verschwendungssucht und verbreitete Not erhöhen
die Nachfrage nach seinen „Mitteln" und damit auch die Zinssätze. Druckt z. B. die US-Zentralbank (das von Privatban-
kiers geleitete Federal Reserve Board) etwas reichlich Dollar-
noten, dann leidet zwar die Kaufkraft der Bevölkerung, nicht
jedoch der Zinssatz, wie die Erfahrung gelehrt hat. Im Gegenteil: Man muß ja nun erst recht aus Gründen der Währungssta-
bilität die Zinsen erhöhen, kann auf diesem Wege um so größeren arbeitslosen Gewinn ziehen und zugleich verstärkte Abhängigkeiten schaffen.

Ein Unternehmer, dem es darum geht, Erfolge durch ein
wohlfeiles Angebot von Qualitätserzeugnissen zu erzielen, ist
ein nützliches und ehrenwertes Mitglied der Gemeinschaft.
Ein professioneller Geldverleiher tut nur so, als gäbe es für die
verlangten Zinsen einen Gegenwert. Den Gegenwert muß
vielmehr ein Produzent bereitstellen, der mit den Kreditmit-
teln bezahlt werden soll. Schon der Dichter Anacreon im antiken Griechenland (580—495 v. Chr.) klagte:

„Weisheit, Tugend stehn verachtet:
Gold allein wird angesehen.
O, daß den Verdammnis treffe,
der zuerst das Gold geliebet!
Gold — daneben gilt kein Bruder mehr
nicht Mutter mehr noch Vater:
Mord und Krieg sind seinetwegen."[54]

Seit alters her ist also schon erkannt worden, daß Geld die Gesinnung korrumpiert und Frieden und Freiheit gefährdet, wenn es als Leihkapital gehortet und benutzt wird. Wie Herodot (490—430 v. Chr.) berichtet, mußte jede babylonische Frau einmal in ihrem Leben im Tempel der Göttin Mylitta mit einem Schnurkranz auf dem Kopfe erscheinen und sich dem nächsten Manne, der ihr Geld in den Schoß warf, hingeben[55]. Mit diesen Einkünften betrieben dann die Priester ihre Bankgeschäfte[56]. Auch der Vatikan verfügt über ein Vermögen von 15 bis 20 Milliarden Dollar[56a], das in Ausnützung der „Gläubigkeit", d. h. Unwissenheit, zusammengerafft wurde. Solon (640—561 v. Chr.) schaffte im antiken Athen zwar die persönliche Schuldknechtschaft ab, beschränkte jedoch — da er selbst als Bankier tätig war — nicht die Höhe der Zinssätze, wie es mehrfach im alten Rom versucht worden war[57]. Dort hatte sich die Praxis natürlich über das gesetzliche Zinsverbot des Jahres 342 v. Chr. bald hinweggesetzt, so daß der Wucher besonders, als mit dem Niedergang der Republik die allgemeine Verschwendungssucht zunahm, blühte und Zinssätze bis zu 60 % erzielt wurden[58]. Großbankiers, wie Marcinius Crassus (115—53 v. Chr.), nutzten die übertriebenen Lebensansprüche der Patrizier, denen sie enorme Summen gegen hohe Zinsen ausliehen, und denen sie dann in hohen Ämtern Gelegenheit verschafften, die zur Rückzahlung der Kredite samt Zinsen erforderlichen Mittel in Kriegszügen und als Militärbefehlshaber von Provinzen aus den unterworfenen Völkern herauszupressen[59]. Sie machten also damals schon ihre Geldgeschäfte mit menschlichem Blut. Auch heute noch wird das Geld als „Blut einer modernen Wirtschaft" angesprochen[59a]. Nach der Erlangung der Diktatur schaffte Caesar die (um 450 v. Chr. in den 12-Tafelgesetzen nur gegenüber Plebejern und nicht Patriziern) vorgesehene Möglichkeit eines Gläubigers, den säumigen Schuldner zu seinem Sklaven zu machen und entsprechend zu verwerten oder auch zu töten, ab und beschränkte die Haftung des Schuldners auf dessen Vermögen. Auch zwang er die überschuldeten Patrizier, ihre Ländereien den Gläubigern zum Schätzpreis zu überlassen[60]. (Das dürfte wohl auch der wahre Grund für seine Ermordung gewesen sein.) Durch Bankgeschäfte größten Stils, Finanzierung von Kriegen und Herrschern aber auch der städtischen Wirtschaft, Wissenschaft und Kunst verschafften sich im 15. Jahrhundert die Ratsherrenfamilien der Medici in Florenz und der Fugger in Augsburg politische Macht und Fürstenrang[61].

Am 18. Juni 1815 wurde Napoleon bei Waaterloo von den Verbündeten endgültig geschlagen, weil die Engländer durch die Preußen rechtzeitig Unterstützung erhalten hatten, dagegen die Verstärkung durch die Armee des Marschalls Grouchy in Folge von — im Zweifel absichtlicher — Fehlinformation nicht zum Kaiser gestoßen war. Über dieses Ereignis, durch das die Chance zur Gründung eines befriedeten und vereinten Europas verpaßt wurde, schreibt Stefan Zweig (1881—1942):

> „Kaum schmettert der englische Angriff Napoleon nieder, so jagt ein damals fast Namenloser (Bankier) auf einer Extrakalesche die Straßen nach Brüssel und von Brüssel an das Meer, wo ein Schiff seiner wartet. Er segelt hinüber nach London, um dort vor den Stafetten der Regierung einzutreffen, und es gelingt ihm, dank der noch unbekannten Nachricht, die Börse zu sprengen: es ist Rothschild, der mit diesem genialen Zug ein anderes Kaiserreich begründet, eine neue Dynastie."[62]

Man muß hinzufügen, daß Rothschild die Börse über den Ausgang der Schlacht unrichtig informieren ließ und dadurch entwertete Effekten mit hohem Gewinn verkaufen und wertvolle Papiere zu Niedrigstkursen in größtem Umfange erwerben konnte. An diesem Beispiel wird die Methode: „Geschäft durch gezielte Desinformation" erkennbar, die auch die Einflußnahme der Hochfinanz auf die Medien erklärt[63], so daß sich der langjährige Herausgeber der New York Times, John Swainton, zu der Feststellung veranlaßt sah:

> „Eine freie Presse gibt es nicht . . . Das Gewerbe eines Publizisten ist es vielmehr, die Wahrheit zu zerstören, geradezu zu lügen, zu verdrehen, zu verleumden, zu Füßen des Mammon zu kuschen . . . und sein Land und seine Rasse . . . zu verkaufen. Wir sind Werkzeug und Hörige der Finanzgewaltigen hinter den Kulissen . . . Wir sind nichts als intellektuelle Prostituierte."[64]

Die Lüge zerstört aber jedes Vertrauen, stiftet damit also notwendigerweise Konflikte. Wird sie zum Prinzip, dann wird sie zum Leichentuch der Völker. Als z. B. ein deutscher Rechtsgelehrter nach dem 2. Weltkrieg verhört wurde, erklärte ihm sein Vernehmer:

> „. . . ich bin . . . von der alliierten Greuelzentrale gegen Deutschland . . . Greuelpropaganda . . . damit haben wir den ganzen totalen Krieg, den totalen Sieg gewonnen . . . nun fangen wir erst richtig an! Wir werden diese Greuelpropaganda fortsetzen; wir werden sie steigern, bis niemand mehr ein gutes Wort an Deutschland läßt, bis alles zerstört sein wird, was die Deutschen in anderen Ländern an Sympathie . . . haben. Wir werden die Dinge soweit treiben, bis die Deutschen . . . nicht mehr wissen, wer sie sind."[65]

Das sollte also die Basis einer neuen Ordnung sein. Der totale Sieg der Hochfinanz erstreckte sich — wie die überdimensionale, internationale Verschuldung bei diesen Großgläubigern der Völker zeigt — auch auf die Siegermächte, von denen England und Frankreich als Folge ihres „Sieges" ihre weltweiten Besitzungen, Rohstoffreserven und kultivierbaren Landschaften unwiederbringlich einbüßten. Damit war die Entmachtung Europas, die mit der programmierten Selbstzerfleischung europäischer Völker 1914 begann[65a], gelungen. Zu dieser Entwicklung kann man nur mit Martin Luther (1483—1546) sagen:

> „Die Heiden haben können aus der Vernunft rechnen,
> das ein Wucherer sey ein vierfältiger Dieb und Mörder.
> Wir Christen aber halten sie in solchen Ehren, das wir
> sie schier anbeten umb ihres Geldes willen . . . Wer einem anderen seine Narung aussauget, raubet und stilet
> . . . Solches thut aber ein Wucherer, und sitzet die weil
> auf sein Stuel sicher so er billicher hangen solt am Galgen . . . denn er will über alle Menschen Gott sein (er)
> . . . will das alle Welt müsse in Hunger und Durst, Trauer und Not verderben . . . auf das ers alles allein möcht
> haben, und jedermann von ihm als von einem Gott
> empfahen und ewiglich sein Leibeigener seyn . . . (und)
> sich für einen theuren frommen Mann lassen ansehen
> und rhümen . . . Also will der Wucherer die Welt effen,
> als nütze er und gebe der Welt Ochsen."[66]

„Die großen Vermögen sind wie Königreiche"[67] meint Oswald Spengler. Dienen sie der Produktion und Bereitstellung
von Waren und Leistungen, so erweisen sie sich als nützlich, u.
U. sogar als friedenstärkend. Denn überregionale Produktionsunternehmen können nur in friedlichen Zeiten
florieren[68].
Auch ist die persönliche Freiheit des einzelnen durch solche
Unternehmen nicht gefährdet, denn im Zeitalter der Technik
ist menschliche Arbeitskraft keine Mangelware. Es besteht
deshalb kein Bedarf an Arbeitssklaven in der freien Marktwirtschaft. Gefahren für individuelle Freiheit und für den Frieden
gehen vielmehr von dem als Sozialismus getarnten, wirtschaftlich unheilbar kranken östlichen Staatskapitalismus und dem
auf dem Territorium der USA operierenden, die öffentliche
Meinung steuernden übernationalen Finanzkapital aus, das an
Macht und Reichtum durch die beiden Weltkriege im gleichen
Maße gewonnen hat, wie die Europäer verloren[69].

Man kann deshalb nur ausrufen:

> „Völker Europas, vereinigt euch unter einer neuen Ord-
> nung, bei der politische Entscheidungen von Geistes-
> menschen im platonischen Sinne und nicht von Materia-
> listen und Geschäftemachern getroffen werden."

Durch einen europäischen Zusammenschluß erübrigt sich die Pflege der nationalen Kulturen keineswegs. Denn nur traditionsbewußte Patrioten bewahren die ideellen Werte, die das Leben menschlich machen, nämlich den Sinn für Wahrheit, Gerechtigkeit und Schönheit. Nicht die Gleichheit, sondern die Ungleichheit der Fähigkeiten ihrer Mitglieder festigt im Wege gegenseitiger Ergänzung das Gefüge einer Gemeinschaft.

VII

Die natürliche Ordnung

Die Entwicklung eines europäischen Zusammengehörigkeitsgefühls ist durch die Aufspaltung der Völker in Herrscher und Untertanen, besitzende Minderheiten und nichtbesitzende Massen verhindert worden.

Wie ich schon beschrieben habe (Macht und Illusion), besteht das ordnende Prinzip der anorganischen Schöpfung in der Bindung freier Kräfte an Systeme von Gravitationszentren unterschiedlicher Gewichtigkeit, wobei auch das molekulare Gefüge in sich eine innere Bindung (Viskosität) entwickelt[1]. Die Bewegungsimpulse der Materie werden sowohl im Atom als auch im Universum durch einen Gleichgewichtszustand von Kraft und Bewegung in die Harmonie von Kreisbahnen gelenkt. Selbst die Viskosität bewirkt im Wege einer Polarisierung elektromagnetischer Spannungsfelder vielfach kristalline Ausbildungen symmetrischer Flächen.

Auch das menschliche Zusammenleben erfordert ordnende Prinzipien, um die im Ursprung selbstsüchtigen und damit unwissenden Aktivitäten zu einem sinnvollen Zusammenwirken (Arbeitsteilung), einem gerechten Austausch und einer gerechten Verteilung der Bedarfsgüter und zu einem störungsfreien Nebeneinandersein (Frieden) zu bringen. Zahlenmäßig kleinen Horden von Sammlern und Jägern in weiter Landschaft sind räumlich wenig Grenzen für ihre Bemühungen um Nahrung gezogen. Dennoch sind auch hier Anführerpositionen nötig, um die vorhandenen Kräfte rationell nützen, die Verteidigung gewährleisten und die Verteilung sichern zu können. In den autarken Sippen stellt sich eine solche Rangordnung gewöhnlich als Patriarchat, d. h. als Männerherrschaft dar, denn die größere Körperkraft verleiht dem Mann auch das bessere Durchsetzungsvermögen, während die Frau schon durch das Austragen und Nähren der Kinder gezwungen ist, einen großen Teil der Energie dem Nachwuchs zu opfern.

Mit dem Übergang des Sammlers zur Bodenkultur und des Jägers zur Viehzucht wächst die Bevölkerung und der Lebensraum wird knapp. Damit setzen die Schaffung von Grenzen um Weidegründe, Siedlungsraum und Ackerböden und zugleich die Straffung der Rangordnung ein, denn mit der Vergrößerung der Gemeinschaften wachsen auch die Aufgaben der inneren Organisation und der Gesamtverteidigung. Sind nur Angriffe kleinerer Gruppen zu erwarten, dann kann sich die Sippe allein verteidigen und durch festungsähnliche Häuser, wie sie die Sumerer schon im 3. Jahrtausend v. Chr. bauten[2] oder durch Zäune und Erdwälle, wie sie die keltogermanischen Bauernsiedlungen umgaben[3], schützen. Gegen Angriffe militärischer Verbände kann sich aber nur das Heeresaufgebot des Stammes behaupten. Wie wir am Beispiel der Germanen gesehen haben (Die freie Gemeinschaft), muß damit noch nicht eine Einschränkung der Freiheit des Einzelnen verbunden sein: Solange Wehrbereitschaft und Wehrfähigkeit bestehen und das Denken nicht durch ideologisches Gestrüpp verwirrt, irregeleitet und gefesselt wird, kann sich ein Volk aus eigener Kraft und eigenem Denken vernünftig regieren und verwalten, indem es sich Anführer auf Zeit nach Wissen, Leistung und Gesinnung wählt. Der wehrhafte Mann wird sich und die Seinen auch in der Stammesgemeinschaft vor Rechtsbrechern zu schützen wissen. Ähnlich wie bei den Germanen wurden ursprünglich auch bei den Sumerern im Zweistromland die regierenden Körperschaften durch die Versammlung der Freien gewählt. Diese demokratische Verfassung wich allerdings dem Königtum, als die aus der arabischen Halbinsel vorstoßenden semitischen Nomadenhorden zum

Großangriff übergingen[4]. Damit wurde eine dauernde militärische Kommandogewalt nötig.

Hieraus wird deutlich: Die Freiheit des einzelnen wird durch den Zwang zum Gehorsam und zu Dienst- und Abgabepflichten beschränkt, wenn fremde Aggression abgewehrt werden muß oder die eigene Volks- oder Stammesführung zum Zweck von Raub und Eroberung Mittel der Gewalt anwendet.

Eine nur zeitweilige Anführerposition, wie sie für einen speziellen Verteidigungsfall erforderlich ist, bringt ebensowenig materielle Vorteile mit sich, wie heute etwa das Amt eines Leiters der freiwilligen Feuerwehr. Als Dauereinrichtung bringen Führungspositionen dagegen zwangsläufig Amtseinnahmen und Privilegien mit sich. So wird z. B. die Wohnstätte des Häuptlings zum Regierungszentrum ausgestaltet und damit der Grundstein für die Erblichkeit des Amtes, d. h. für eine Dynastie gelegt. Denn der Wohnsitz bleibt in der Familie und der archaische Amtsträger wird seine Aufgabe im Stamm nicht anders betrachten und handhaben als seine ererbten Vorrechte als Sippenältester. Ererbte oder angemaßte und nicht auf einer nach dem Leistungsprinzip durchgeführten Wahl begründete Herrschaftsrechte haben — mehr zur Verblendung des Volkes als zu dessen Überzeugung — eine äußere Kulisse mit viel Imponiergehabe und eine künstlich konstruierte, d. h. unwahrhaftige geistige Rechtfertigung nötig. Die äußerlichen Requisiten treten als Prunkgewänder, Insignien, Kronen, Wappen, Titulationen, Rangabzeichen, Paläste, Burgen, Schlösser, Tempel usw. in Erscheinung, mit denen die Künstler und Handwerker aus den Reihen der Untertanen die Macht ausstatten und dekorieren müssen. Die innere Rechtfertigung erfolgt im geistig-metaphysischen Bereich. So berief sich der Adel in aller Welt oft auf seine göttliche Abstammung[5]. In der Grabrede für seine Tante Julia erklärte z. B. Julius Caesar:

> „Die Vorfahren meiner Tante Julia sind mütterlicherseits von königlicher, väterlicherseits von göttlicher

Herkunft. Denn von Ancus Marcius stammen die Marcius Rex ab, welchen Namen ihre Mutter trug, von Venus aber die Julier, welches unser Familienname ist."[6] Das Vorstellungsbild göttlicher Abstammung ist nichts anderes als ein in allen Völkerschaften nachweisbarer Ahnenkult[7], der im Wege der Apotheose (Vergöttlichung) übersteigert wurde[8]. So erklärt sich einerseits die Vielfalt der antiken Götterwelt, andererseits aber auch, daß jene „Götter" mit manchen menschlichen Schwächen behaftet waren.

So fragt Homer (8. Jahrhundert v. Chr.) in der Vorbetrachtung zu dem furchtbaren Kampf der Griechen um Troja:

„Wer von den Göttern reizte sie auf zu feindlichem Hader?"[9]

Und Apollodores (2. Jahrhundert v. Chr.) behauptet gar, daß die Göttin Athene ihre Rivalin Medusa getötet und anschließend enthäutet habe[10]. Sicher kann ein verstorbener Ahnherr dem ihn verehrenden Nachkömmling durch Inspiration nützlich sein[11]. Diese Möglichkeit endet natürlich, wenn der Ahnherr wiedergeboren wird[12]. Damit läßt sich auch die relative „Kurzlebigkeit" und der häufige Wechsel der Ahnen-Götter durchaus erklären. Die in den Götterstand erhobenen Ahnen im europäischen Kulturraum stellten ganz überwiegend Leitbilder mit positiven Eigenschaften, wie Weisheit, Mut, Gerechtigkeit, Schönheit und Anmut dar[13]. Sie beeinflußten das Denken und Handeln ihrer Anhänger — das natürlich überwiegend auf Nachahmung beruhte — im guten Sinne, ohne selbständiges Denken auszuschließen. Im keltogermanischen Siedlungsgebiet wurde im Zuge des Terrors der Christianisierung das gesamte in Runenschrift vorhanden gewesene, jahrtausendealte Kulturgut und damit die völkische Tradition als Basis einer natürlichen Ordnung vernichtet[14]. Der christliche Liebesbegriff, der auch die Zuneigung zu den bösartigsten Feinden umfaßt[15], ist viel zu verschwommen und indifferent, als daß er im Sozialverband allgemein praktisch werden konnte. Der christliche „Glaube", der nur eine Scheintugend darstellt, weil er den Verzicht auf eigenständiges Denken beinhaltet, wurde zu einer unerträglichen Fessel. Gegen sie und die Methode, Andersdenkende bei lebendigem Leib zu verbrennen, wendet sich in Friedrich Schillers Drama, Don Carlos, der Marquis Posa mit dem Verzweiflungsaufruf an den König:

„Geben Sie Gedankenfreiheit!"[16]

Galt doch die Praxis:

„Wer da glaubet und getauft wird, der wird selig (allerdings erst nach dem jüngsten Gericht);

wer aber nicht glaubet, der wird (schon jetzt) verdammt"[17] (d. h. verbrannt).

Die geistige Beschränktheit mittelalterlichen Denkens kennzeichnet auch Goethe (1749—1832) im „Faust" mit den Worten des kaiserlichen Kanzlers:

„Natur und Geist — so spricht man nicht zu Christen. Deshalb verbrennt man Atheisten, weil solche Reden höchst gefährlich sind. Natur ist Sünde, Geist ist Teufel . . ."[17]

Auch das Ideengut des Humanismus, d. h. eines geistig kultivierten Menschentums, hat sich nicht etwa auf der Grundlage der Bibel, sondern antiker griechisch-römischer ethischer Vorstellungen als Gegenströmung zu klerikalen Zwangsvorstellungen entwickelt[18]. Die als „Tugend" gepriesene christliche „Demut", wenn damit nicht bloße Bescheidenheit gemeint ist, läßt sich nur als feige und heuchlerische Unterwürfigkeit kennzeichnen. Mit Recht sagt Walter Rathenau (1867—1922) deshalb:

„Der Furchtmensch . . . schmiedet sich eine neue Waffe des Verstandes . . . Er lernt . . . zu lauern, zu warten . . . zu schmeicheln, zu lügen . . . und zu täuschen.

Deshalb ist die Sklaverei nur möglich, wo Furcht herrscht . . . Lieber tot als Sklave, ist der Wahlspruch starker Menschen . . . Mut als Tugend, Furcht und ihr

Gefolge von Lug, Heimlichkeit und Arglist als Laster sind . . . noch heute das Fundament . . . westeuropäischen Sittenempfindens . . ."[19]

In seinen Anfängen versuchten christliche Theoretiker, wie Marcion (85—160) mit Hilfe des von griechischer Philosophie geprägten Wortes des Evangelisten Johannes:

„Und das Wort (= griechisch Logos, im philosophischen Sinne göttliche Weisheit[20]) ward Fleisch und wohnte unter uns."[21]

das Christentum von dem Alten Testament mit seiner materialistischen und verzerrten Gottesvorstellung[22] zu befreien[23]. Hatte doch Jesus vor dem dämonischen Ungeist vom Sinai, den Moses nach seinem Bilde geschaffen hatte, mit den Worten gewarnt:

„Ihr seid von dem Vater, dem Teufel und wollt nach eures Vaters Gelüsten handeln. Dieser aber ist von Anfang an ein Mörder gewesen, der vor der Wahrheit keinen Bestand hat und selbst ohne Wahrhaftigkeit ist. Seine Sprache ist die der Lüge und er selbst ist nicht nur ein Lügner, sondern der Erzeuger der Lüge."[24]

Doch was sind schon gute Gründe, wenn es um die Macht geht! Ebenso erfolglos blieb auch der Versuch, im Rahmen der christlichen Religion zu einer richtigen Gottesvorstellung nach den Prinzipien der Gnosis (= griechisch Erkenntnis), einer spätantiken philosophischen Strömung zu gelangen. Nach dieser Lehre ist es die Lichtesausstrahlung (Emanation) des liebenden und weisen Schöpfergeistes, die die sichtbare Welt aus ihrem niederen Zustand in das Reich des Geistes erhebt[25].

Nach den Grundsätzen:

„(Denn ich bin gekommen), den Sohn gegen seinen Vater, die Tochter gegen ihre Mutter und die Schwiegertochter gegen die Schwiegermutter aufzuwiegeln" (und die eigenen Hausgenossen sollen zu Feinden werden).[26]

wurde der Verfall der natürlichen Familien- und Sippentradition und Ordnung geradezu programmiert. Schon bald nach der Machtergreifung des Bischofs von Rom (325) hatte der „Kirchenvater" Augustinus (354—430) in seinem Werk, De Civitate Dei (= Vom Gottesstaat) das ideologische Konzept für ein Priesterkönigtum entworfen. Freilich fehlte es zur Durchsetzung eines solchen Planes noch an einer streitbaren Exekutive zur Unterwerfung der Völker nach dem Prinzip:

> „. . . so soll das ganze Volk . . . dir fronpflichtig sein und dir dienen . . ."[27]

> „. . . denn welche Völker oder Königreiche dir nicht dienen wollen, die sollen umkommen . . ."[28]

Für dieses Unterfangen gaben sich die Fürsten der Franken her (vgl. Vom Wesen des Bösen).

Schon 779 wurden die von ihnen unterworfenen Völkerschaften gezwungen, den zehnten Teil ihrer bäuerlichen Erzeugnisse dem Klerus zur Verfügung zu stellen[29]. Die damit notwendige verstärkte Feldarbeit machte die Teilnahme der einstmals freien Männer am Kriegsdienst kaum noch möglich. So wurde der Heerbann, das altgermanische Heeresaufgebot, abgeschafft. Dafür mußten die Bauern, um sich vom Kriegsdienst freizukaufen, ihren Hof dem waffenführenden Ritter als dessen „Hintersassen" übergeben, um ihn „leihweise" mit Abgabe- und Dienstpflichten wieder aus der Hand des neuen Lehnsherrn entgegenzunehmen (Hofleihe)[30]. Die Könige entlohnten ihre Gefolgsleute und regionalen Befehlshaber (Ritter und Grafen) durch Verleihung von Landbesitz mit der Berechtigung, die dort ansässige Bauernschaft zu Abgaben und Frondiensten heranziehen zu können[31]. Bei der Unterwerfung der Völkerschaften kam der neuen Kriegerkaste natürlich die klerikale Organisation geschulter Propagandisten zugute, die mithaften, die ihrer Waffen und ihrer Tradition beraubte Bevölkerung mit Sprüchen, wie:

> „. . . wo Obrigkeit ist, ist sie von Gott verordnet."[32]

in den Status von Leibeigenen zu zwingen[33].

Auch verstand es Papst Leo IV (847—855), die Immunitäten und Vorrechte des Klerus durch geschickte Fälschungen auszubauen, die er in seinen Decretales Pseudo-Isidorianae vornehmen ließ[34]. Daß der Lehnsstaat nur ein Staatsersatz ohne natürliche Basis war, zeigte sich alsbald, als Papst Gregor VII[35] (1073—1085) sich das königliche Recht anmaßte, Reichsfürsten zu ernennen (Investiturstreit) mit Erklärungen, wie:

> „Das Königtum ist eine Erfindung menschlichen Verstandes, aber die Bischofswürde stammt von Gott."[36]

So klagte selbst die amtliche Augsburger Chronik um 1090:

> „O trauriger Zustand des Reiches. Alles ist doppelt! Doppelte Päpste, doppelte Bischöfe, doppelte Herzöge."[37]

Die sogenannte „Goldene Bulle" von 1356, die Karl IV (1316—1368) als klägliche (bis 1806 gültige) Reichsverfassung festlegte, beinhaltet i. w. die Königswahl durch vier weltliche und drei geistliche Kurfürsten. Der innere Zwiespalt war damit gesetzlich fixiert. Die „Goldene Bulle" als Grundlage und Verbindung von Vorrechten der Dynastien der Kriegerkaste mit Machtpositionen des Klerus beginnt:

> „Carolus der fierde mitt gunste götlicher miltigkeit (!) Römischer keiser. Allerzeyt merer des rychs und künig zu Beheim (= Böhmen) des Dings (= Thing) zu ewigem gedencken.
>
> Ein jeglich rych das in sich selber geteilt ist, das würt zerstört. Wann syn fürste sint worden der diebe gesellen Darum hat got mitten under sy gemischet einen Schwindelgeist . . ."[38]

Die Entfaltung dieses „Schwindelgeistes" habe ich schon skizziert (Geist und Bewußtsein).

> „In einem vollkommen entwickelten Sklavenstaat gibt es keinen Mittelstand."[39]

Der Mittelstand ist also das beste Bollwerk gegen Versklavung. Erst als sich — aus geflohenen Leibeigenen und deren Nachkommen — die mittelalterlichen Städte mit eigener Wehrverfassung entwickelten und auf antikes Wissen zurückgriffen (Renaissance), bildete sich langsam ein Mittelstand heran, der — immer belastet mit religiösen Dogmen und Verwirrungen — der Bevölkerung zu einer neuen Tradition verhalf[40]. Die versklavte Landbevölkerung wurde jedoch weiterhin in dumpf brütender Unwissenheit belassen, so daß sie noch Ende des 18. Jahrhunderts zu 99,9 % schreibunkundig war[41]. Eine völkische Tradition und ein allgemeines Zusammengehörigkeitsgefühl konnten sich auch nicht natürlich entwickeln, denn durch Belehnungen, Erbschaften, Eroberungen und Verträge hatten sich die Reichsstände (reichsunmittelbare weltliche und geistliche Fürsten, Städte und Abteien) ihre Herrschaftsbereiche zumeist unabhängig von regionalen Stammesgrenzen geschaffen.

Der Landadel blieb zumeist abseits von städtischer Bildung, verrohte[42] und geriet mit dem Übergang von der Natural- zur städtischen Geldwirtschaft auch wirtschaftlich ins Hintertreffen, weil die Ausbeutungsmöglichkeit der Bauern begrenzt und die Preise für Agrarprodukte niedrig waren. Auf die widernatürliche Einstellung des Klerus zum menschlichen Körper (vgl. Geist und Bewußtsein) dürfte es auch zurückzuführen sein, daß aufgrund jahrhundertelanger Vernachlässigung körperlicher Ertüchtigung und Pflege die Durchschnittsgröße, die bei den Germanen noch 1,74 m betragen hatte[43], um mindestens 15 cm zurückging und selbst heute in Deutschland erst wieder auf 1,68 m gestiegen ist[44].

So gab es im mittelalterlichen Europa weder eine patriotische, gebildete Elite, wie sie im antiken Rom zur Zeit der Republik die Patrizier darstellten[45], noch ein freies Bauerntum, aus dessen Reihen sich eine wirksame Streitmacht hätte rekrutieren können[46]. Der unwürdige Helotenstatus der Bauernschaft blieb auch noch bestehen, als sich nach dem 30jährigen Krieg die Landesfürsten gegenüber dem Klerus durchgesetzt hatten und sich anschickten, mit Hilfe gebildeter Bürger ihre Beamtenstaaten einzurichten (Absolutismus). Das Reich war hierbei — zur Freude aller Nachbarn — in die Brüche gegangen. Unter dem Einfluß von Frankreich und Rußland beschloß der Reichstag am 25. 2. 1803 schließlich die Gebietsentschädigung deutscher Fürsten für den Verlust westrheinischer Landstriche durch Reichsstädte, Bistümer und Abteien (Reichsdeputationshauptschluß)[47]. Damit war die weltliche Macht des Klerus gebrochen. Die danach noch verkündeten päpstlichen Dogmen[48] wurden kaum noch ernst genommen. Je mehr sich das Bürgertum von Unwissenheit und religiöser Desinformation frei machen konnte, desto fruchtbarer wurden die Leistungen auf dem Gebiet der Kultur[49]. Es bestand also die Aussicht, daß sich in Mitteleuropa ein völkisches Selbstverständnis und Zusammengehörigkeitsgefühl auf dem Boden einer erneuerten Tradition gründete. Von der Anteilnahme an den Kulturgütern war die große Masse der Bevölkerung, nämlich die Arbeiterschaft in Stadt und Land einschließlich der kleineren Bauern und städtischen Kleinbürger, aber weitgehend ausgeschlossen. Die Zahl der europäischen Bevölkerung hatte sich von 1800 bis 1900 im Durchschnitt verdoppelt[50]. Besitzlos und ohne regionale Gemeinschaftsbindung fand sich die Nachkommenschaft der ehemals leibeigenen Bauern in den gigantisch anwachsenden Städten[15] als Industrieproletariat wieder, unterbezahlt[51a] und verachtet[51b] waren sie den Verlockungen von Alkohol, Kriminalität und Umstürzlern ausgeliefert: Ein geeigneter Nährboden für die Ersatzreligion des Kommunismus, die ihren Gläubigen nach einer Übergangszeit im Sozialismus (= Verstaatlichung der Produktionsmittel und des Bodens = Staatskapitalismus = Funktionärsstaat = Polizeistaat) das Paradies auf Erden, d. h. einen allgemeinen Wohlstand versprach[52].

Von den 65 bis 70 Millionen Einwohnern Rußlands[53] waren bis 1861 noch 47 Millionen Leibeigene[53a]. 72 % der russischen

Bevölkerung waren 1914 noch Analphabeten[54]. Das war die gefügige Basis für die neue Ideologie, die mit Werbesprüchen, wie

> „Dann wird ein neues Leben beginnen . . . Dann wird man die Geschichte in zwei Abschnitte einteilen: Vom Gorilla bis zur Abschaffung Gottes und von der Abschaffung Gottes bis . . . zur physischen Umgestaltung der Erde und des Menschen . . .'' (Dostojewski, Dämonen)

> „Der Mensch wird unvergleichlich stärker, klüger, freier werden . . . Der menschliche Durchschnitt wird sich bis zum Niveau eines Aristoteles, Goethe, Marx erheben . . .'' (Leo Trotzki)[55]

1917 eine neue Form geistiger und damit auch physischer Unfreiheit einleitete.

Als die eigentlichen Machthaber im Industriezeitalter schildert Oswald Spengler die im Verborgenen wirkenden Finanzmagnaten:

> „Nur die Hochfinanz ist ganz frei, ganz unangreifbar. Die Banken und damit die Börsen haben sich seit 1789 am Kreditbedürfnis der ins Ungeheure wachsenden Industrie zur eigenen Macht entwickelt und sie wollen . . . die einzige Macht sein. Das uralte Ringen zwischen erzeugender und erobernder Wirtschaft erhebt sich zu einem schweigenden Riesenkampf der Geister . . . Es ist der Verzweiflungskampf des (konstruktiven) technischen Denkens um seine Freiheit gegenüber dem (parasitären und ausbeuterischen) Denken in Geld. Dies gewaltige Ringen einer sehr kleinen Zahl stahlharter Rassenmenschen von ungeheurem Verstand . . . läßt . . . den bloßen Interessenkampf zwischen Unternehmertum und Arbeitersozialismus zur flachen Bedeutungslosigkeit herabsinken . . . Der praktische Kommunismus . . .

ist nichts als ein zuverlässiger Diener des Großkapitals, das ihn wohl zu benutzen weiß."[56]

So erklärt sich auch, daß der russische Bolschewismus[57] von Anfang an von den USA finanziell, wirtschaftlich und technisch ausgehalten und ausgerüstet wurde und vor durchgreifender Kritik seines Systems geschützt wird[58]. Wie schon angedeutet (Die freie Gemeinschaft), dirigieren die Finanzmagnaten über wenige Presseangenturen der westlichen Welt[59] und über die Konzentration von Zeitschriften in abhängigen Großverlagen die öffentliche Meinung[60], so daß sogar schon 1915 der damalige britische Pressemagnat Northcliffe angesichts der ungeheuerlichen Kriegshetze gegen das Deutsche Reich mit Genugtuung erklären konnte, daß es 52 britischen, französischen und italienischen Blättern gelungen sei, den 1. Weltkrieg herbeizuführen[61]. Eine solche Auswirkung eines allgemeinen, zu Gewaltmaßnahmen drängenden Massendenkens, verbunden mit gezielt eingesetzten Aufrüstungskrediten und Bestechungsgeldern, ist sehr wahrscheinlich, denn:

„Der Krieg ist die Massenwirkung des Massendenkens, und wenn einmal die Ursache erzeugt ist, ist die Wirkung unvermeidlich. Die Ursachen des Krieges, wie alles Bösen, sind die ‚drei Feuer', die in der menschlichen Seele brennen: Begierde, Haß und Illusion . . . Der Haß ist eine ungeheure Macht und in der Masse ballt er sich langsam zusammen wie eine Gewitterwolke . . ."[62]

Bereits der erste Weltkrieg sollte zu einem Vernichtungskrieg für die Mittelmächte gemacht werden. Schon auf dem Weltfriedenskongreß der Freimaurer zu Paris vom 28.—30. Juni 1917 wurde der Inhalt des späteren Versaille-Diktates[62a] in großen Zügen so konzipiert, daß er notwendigerweise zu einem Verzweiflungsversuch des Reiches führen mußte, sich gewaltsam gegen die programmierte Verelendung und Entmachtung zu wehren[63]. Gewiß ein später fast aussichtsloses Unterfangen, wenn man bedenkt, daß schon 1931/32 KPD-Abgeordnete des

Reichstages in Aussicht gestellt hatten, die Rote Armee ins Land zu rufen[64]. Der am 1. September 1939 erfolgte bewaffnete Konflikt des Reiches mit Polen, der den Westmächten die Möglichkeit zur Kriegserklärung an das Reich eröffnet hatte, entzündete sich am Streit um die Forderungen des Reiches nach Rückgabe der reindeutschen Stadt Danzig, einer Volksabstimmung im polnischen Westpreußen über die Staatszugehörigkeit und einer exterritorialen Verbindung zwischen Ostpreußen und dem Reich. Hier bewährte sich erneut die Methode, die zum Ausbruch des ersten Weltkrieges geführt hatte: Mit diplomatischen Ränken, Provokationen und einer weltweiten Pressekampagne die europäischen Nachbarn zur Mobilmachung zu veranlassen, wohl wissend, daß ein eingekreister Staat gegen eine zahlenmäßige Übermacht nur durch eine Vorwärtsstrategie überleben kann[65]. Denn der Angreifer kann seine Kräfte gezielt und schwerpunktmäßig einsetzen, während der Verteidiger eine breite Abwehrfront gleichmäßig stark machen muß. So erklären sich z. B. auch die Erfolge von Alexander d. Gr. (356—324 v. Chr.), der mit 30 000—43 000 Mann Fußvolk und 4 000—5 000 Reitern das Heeresaufgebot des Perserkönigs Dareios von 600 000 Mann etappenweise besiegte[66], Caesars, der mit 22 000 Infanteristen und 1000 Reitern über die Truppen des Pompejus in Stärke von 45 000 Mann Fußvolk und 7000 Reitern siegte[67], und des gr. Kurfürsten Friedrich-Wilhelm, der 1675 mit 6000 Reitern 11 000 Schweden bei Fehrbellin schlug[68].

„Die Demokratie ist die vollendete Gleichsetzung von Geld und politischer Macht.“[69]

„In der reifgewordenen Demokratie ist die Politik der ‚Arrivierten‘ nicht nur mit Geschäft, sondern mit den schmutzigsten Arten großstädtischer Spekulationsgeschäfte identisch“[70]

meint Oswald Spengler.

Die Völkerschicksale im 20. Jahrhundert scheinen diese Ansicht zu bestätigen:

Als reines Zahlungsmittel bewirkt das Geld den allgemeinen Güter- und Leistungsaustausch, so daß der Warenstrom dem Geldstrom gewissermaßen entgegenfließt. Halten die Notenbanken die Geldmenge knapp, dann wird die Produktion gedrosselt. Ist zuviel Geld im Umlauf, dann verliert es an Wert, weil die Preise steigen. Geldmenge und Produktivität müssen sich also die Waage halten. Unternehmer müssen finanziell sowohl für das zur Bereitstellung von Waren notwendige Anlagevermögen (Grundstücke, Maschinen, Einrichtungen, Patente, Lizenzen usw.) als auch für das Umlaufvermögen (Roh-, Hilfs- und Betriebsstoffe) sowie für Personal- und Energiekosten in Vorlage treten, weil sie den Gegenwert für ihre Erzeugnisse erst zeitlich später erlangen und hierbei die Kosten für das Anlagevermögen auch nur sukzessive auf den Warenpreis umlegen können. Die Unternehmerschaft hat sich deshalb im Industriezeitalter ganz auf die Möglichkeit eingerichtet, zur Gründung und Aufrechterhaltung von Betrieben Fremdmittel, d. h. Bankdarlehen in Anspruch zu nehmen. Ebenso ist die Lebensweise der Konsumentenschaft — angeregt durch die Werbung — darauf eingestellt, für Anschaffungen von Hausrat, Fahrzeugen und vor allem Liegenschaften Kreditmittel heranzuziehen und damit künftige Einnahmen vorwegzunehmen. Die Zentral- und Notenbanken können bei dieser Situation durch Geldverknappung jederzeit die Produktion und den Absatz drosseln und die Wirtschaft durch eine sogenannte „Hochzinspolitik" geradezu abwürgen. Denn die hohen Zinsen vermindern den Absatz, so daß der Hersteller länger auf die Warenerlöse warten, also mehr vorfinanzieren muß. Auch wird seine Kalkulation durch Zinserhöhungen umgestoßen, so daß er bei angespannter Preissituation nicht mehr kostendeckend produzieren kann. Hierbei ist zu bedenken, daß eine durch die Absatzlage gedrosselte Produktion die festen Kosten in unverminderter, durch gestiegenen Kapitaldienst sogar noch angeschwollener Höhe weitertragen muß. Angesichts der i. a. knappen Kalkulation der Herstellungsbetriebe ist damit leicht eine Welle der Insolvenz, d. h. eine Krise herbeizuführen[71]. Es ist unschwer einzusehen, daß die Finanzmagnaten der USA die Geldmanipulationen gezielt vornehmen, um solche Ergebnisse zwecks Steigerung ihrer Macht zu erreichen[71a]. Ist es ihnen doch auch gelungen, im Zusammenwirken mit den westlichen „Berufsdemokraten" die Staaten derartig zu verschulden, daß immer größer werdende Anteile am Sozialprodukt für den Zinsdienst aufgewendet werden müssen. Die europäischen Völker sind auf diesem Wege also insgesamt zins-, d. h. tributpflichtig geworden. Mit Recht meint deshalb Karl Marx, daß die Herbeiführung einer Staatsverschuldung einer Staatsveräußerung gleichkomme[72]. Einer Veräußerung der Staatsgebiete kommt aber auch die von den Berufsdemokraten praktizierte, millionenfache Einbürgerung von nichteuropäischen Fremdvölkern in Europa gleich, die unter allerlei fadenscheinigen Vorwänden als „Gastarbeiter" oder „Asylanten"[72a] zum dauernden Schaden der Nationen einquartiert werden. Hand in Hand mit dieser organisierten Überfremdung betreiben die oligarchischen Gruppen in Zusammenarbeit mit den Medien die Abwertung der Europäer und deren Entrechtung insbesondere in Afrika in gleichem Maße, wie sie die Völker der „Dritten Welt" durch Propaganda und Zweckentfremdung von Haushaltsmitteln („Entwicklungshilfe") aufzuwerten versuchen.

Nimmt man hinzu, daß die Europäer aus im Grunde genommen nichtigen Anlässen (Ermordung des Erzherzogs Ferdinand und Streit um Danzig) in zwei Vernichtungskriegen zur Schlachtbank geführt, gegeneinander gehetzt, beraubt und entmachtet wurden, und daß die lokalen Konflikte seit dem Kriege kein Ende nehmen[72c], dann läßt das nur den Schluß zu:

Von einer Kongruenz der Maßnahmen der demokratischen Staatsorgane mit den Interessen und dem Willen der Wählermehrheit kann ebensowenig die Rede sein, wie von einer gewissenhaften Wahrung des Gemeinwohls durch diese Institutionen.

Zum „demokratischen" System gehört es auch, dem bedrohlichen bolschewistischen Staatskapitalismus durch (letztlich uneinbringliche) Milliardenkredite aus seiner Dauerkrise zu helfen und die Erzeugerpreise in der EG für landwirtschaftliche Produkte so niedrig zu bemessen, daß die Bauernschaft trotz des Arbeitseinsatzes der ganzen Familie kaum noch kostendeckend arbeiten kann[73]. Aufgrund der „Planungshoheit" der Gemeinden (§ 2 Abs. 1 BBauGes) wird darüber hinaus die Landschaft im Rumpfdeutschland gerade auch infolge des starken Ausländerzuzuges pausenlos zersiedelt. Für die an der „Basis" der Parteien „arbeitenden" Gemeinderäte eröffnet sich damit die Möglichkeit, Dauereinnahmen durch Bodenspekulation zu erzielen. Die demokratische „Reife" äußerte sich z. B. in New York 1980 mit jährlich 710 153 Verbrechen, davon 1814 Morden, 100 550 Raubüberfällen, 212 748 Einbrüchen sowie 1207 Menschenbissen, Massenzerstörungen Jugendlicher an öffentlichen Einrichtungen[74] und Neurosen als Massenerscheinung[75].

Eine demokratische „Vollreife" besteht z. B. im indischen Bundesland Bihar. Hier arbeiten die gewählten Volksvertreter schon mit Verbrecherbanden zusammen. Etwa 1/3 der amtierenden Richter sind selbst in Kriminalfälle, wie Mord, Vergewaltigung und bewaffnete Überfälle verwickelt. Ohne Bestechungsgelder werden öffentliche Bedienstete nicht mehr tätig[76].

Seit dem Ende des vorigen Jahrhunderts wird die auf dem griechischen Schönheitsideal beruhende künstlerische Tradition der europäischen Völker planmäßig verdrängt durch:

a) Plastiken, die nicht einmal an die Machwerke der menschlichen Frühgeschichte heranreichen[77],

b) expressionistische Bilder, die sich z. T. in Stil und Qualität kaum von den Malereien psychisch Kranker unterscheiden[78],

c) abstrakte Malereien, mit denen manchmal sogar noch ein begabter Schimpanse Schritt halten kann[79],

d) musikalische Exzesse (Jazz, Rock'n Roll, Beat), die bei der Jugend Zerstörungsimpulse, schwere Neurosen und Infantilität in Sprache, Mimik, Haltung und Betragen hervorrufen[80],

e) atonale Musik, mit der der Sinn für die natürliche Harmonie[81] gestört wird,

f) Propagierung und Förderung einer enthemmten, die Frauenehre herabwürdigenden Sexualität durch pornographische Darstellungen in Zeitschriften, Filmen und selbst auf Bühnen[82],

g) Fernsehsendungen, mit denen Gewalt und Verbrechen, verwirrende Exzentrik und läppisches Betragen zur Schau gestellt werden mit dem Ergebnis, daß das Sozialverhalten ebenso beeinträchtigt wird, wie das klare Denken[83].

Zu diesem gesteuerten Kulturverfall kann man nur feststellen:

> „Tief ist der Haß, der in niederen Herzen dem Schönen gegenüber brennt!"[84]

Expressionistischer Kunst in allen Bereichen ist die Zerstörung ordnender Prinzipien in Form und Harmonie gemeinsam. Da Betrachter und Zuhörer zwecks Wahrnehmung nachempfinden, kann die Auswirkung auf ihr Unterbewußtsein und damit auf die Urteilsbasis keine andere sein, so daß Platon in bezug auf Fehlentwicklungen in der Musik nicht ohne Grund warnt:

> „Vor Neuerungen in der Musik muß man sich in acht nehmen . . . nirgends wird an den Gesetzen der Musik gerüttelt, ohne daß auch die höchsten Gesetze des Staates ins Wanken geraten."[85]

Da der Mensch von den ihn tragenden Gemeinschaften völlig abhängig ist (vgl. Die freie Gemeinschaft), gibt es bei aller nachahmenden Tätigkeit nur eine Freiheit im Rahmen der

Pflichten[86]. Nur dem eigenschöpferischen, konstruktiven Wirken ist Freiheit wesenhaft. Der Mißbrauch des Freiheitsbegriffes in der westlichen Welt toleriert aber auch die Destruktion. Da gilt insbesondere für die Entkriminalisierung des Strafrechts, die die Tat aus der Sicht des Täters und nicht des Opfers sieht[87], den Verzicht auf durchgreifende Maßnahmen gegen den Rauschgifthandel[88] und die ferngesteuerten Volksaufhetzer, die in Verbrechermaskierung am hellen Tage die Revolution im Wege sogenannter Demonstrationen importieren wollen[89].

Mit den Wahlen nach dem derzeitigen System sind die Maßnahmen der Staatsorgane nicht durch einen „Wählerwillen" gedeckt. Die Verfassung der BRD kennt — im Gegensatz zu denen der Schweiz und Österreichs —[90] mit Ausnahme im Falle von Gebietsneugliederungen (Art. 29 GG) — keine Volksabstimmung. Das Volk kann sich zu Sachfragen also überhaupt nicht äußern.

Das Direktwahlprinzip, das dem Volke wengistens die Auswahl unter den ihm präsentierten Kandidaten gewährt, gibt es in der BRD weder für die Wahl des Staatsoberhauptes, des Präsidenten des Bundesverfassungsgerichtes und der Parlamentspräsidenten noch für die der Regierungschefs von Bund und Ländern. Auch bei den Parlamentswahlen (2-Stimmen-Wahl) entfällt nur die Erststimme auf den von den Delegiertenversammlungen der Parteien aufgestellten Direktkandidaten, der natürlich zumeist n i c h t durchkommt. In diesem Falle kommt die Zweitstimme zum Zuge, die dem Kandidaten der von den wenigen Mitgliedern der Landesvorstände aufgestellten Wahlliste gilt (§§ 6, 21, 27 Bundeswahlges.; §§ 13, 15 Part-Ges.) Listenwahlen sind aber Scheinwahlen, denn dem Wähler ist nicht einmal die Selektion in der Endstufe möglich. Es ist also eine verschwindende Minderheit, die in den pseudodemokratischen Staaten die Sach- und Personalfragen entscheidet und sich unaufrichtigerweise hierbei noch auf einen sogenannten „Wählerauftrag" als Blankovollmacht beruft.

Laufbahnvoraussetzungen gibt es im Staat nur für untere und mittlere Chargen. Die Spitzenpositionen in Bund, Ländern und Gemeinden haben dagegen nur eine Parteimitgliedschaft zur „Laufbahnvoraussetzung". In den Parlamenten finden Sachdiskussionen (zumeist ohne Sachverstand) nur fraktionsintern statt: Im Plenum werden nur die getroffenen Beschlüsse mit allerlei Phrasen interpretiert, ohne daß jemals Argumente der einen Seite die sogenannten „politischen Gegner" (= Konkurrenten an der öffentlichen Futterkrippe) hätte überzeugen können. Infolge der personellen Verzahnung durch Ämterhäufung zwischen Exekutive und Legislative (dem Bundestag gehören 17 Minister an; die Regierungsmitglieder gehören zumeist auch den Parteivorständen an) erübrigt sich z. B. sogar ein Ermächtigungsgesetz für die Regierung zum Gesetzeserlaß. Die Widernatürlichkeit des materialistischen Gelddenkens (vgl. Die freie Gemeinschaft) offenbart sich nicht zuletzt in der Vergiftung und Verschmutzung der Atmosphäre, der Gewässer und der Kontinente, der teuflischen, von US-Experten erdachten Methode der qualvollen Intensivhaltung von Nutztieren wie Geflügel, Kälber, Schweine, Fische, Krokodile usw., in den Untaten der kanadischen Robbenschläger, die alljährlich die Jungen massakrieren, in der Brutalität, mit der Walfänger die letzten Bestände vernichten und vermarkten und in den grausamen Foltermethoden, mit denen Pseudowissenschaftler und Sadisten Tierversuche vornehmen, weil ihnen jede Erkenntnisfähigkeit fehlt[91]. Welch andere Gesinnung spricht dagegen aus den Worten des Häuptlings Seattle der Duwamisch-Indianer (1790—1866) auf das Ansinnen der Weißen, ihnen das Land zu verkaufen:

> „Jeder Teil dieser Erde ist meinem Volk heilig — ... wir sind ein Teil der Erde, und sie ist ein Teil von uns. Die duftenden Blumen sind unsere Schwestern, die Rehe,

das Pferd, der große Adler — sie sind unsere Brüder . . .
Was ist der Mensch ohne die Tiere. Wären alle Tiere
fort, so stürbe der Mensch an großer Einsamkeit des
Geistes[92]. Was immer den Tieren geschieht — geschieht
auch bald den Menschen (!) . . . Die Erde ist unsere Mutter. Was die Erde befällt, befällt auch die Söhne der Erde
(!) . . . Die Erde verletzen heißt, ihren Schöpfer zu ver-
achten . . . Diese Erde ist ihm heilig."[93]
Soll nicht die Verfassungsaussage, daß alle Staatsgewalt vom
Volke ausgehe, eine Lüge bleiben (Art. 20 Abs. 2 GG), und
soll Europa wieder gesunden, dann muß das Prinzip der Di-
rektwahl (verbunden mit einem Verbot einer mehr als zwei-
maligen Kandidatur) eingeführt und eine überparteiliche Kon-
trollinstanz (Volksanwalt oder Tribun) geschaffen und der europäische Siedlungsraum von Überfremdung im personellen
und kulturellen Bereich frei gemacht werden[94].
Dem Volksanwalt müßte die Befugnis zustehen, Korruption
aufzudecken und Anklage auch bei Amtsmißbrauch durch
Staatsverschuldung und Zahlung ans Ausland und an inländi-
sche Institutionen, auf die kein Rechtsanspruch besteht, sowie
bei Desinformationen durch Massenmedien (insoweit müssen
neue Straftatbestände geschaffen werden) zu erheben und Gesetze und Staatsverträge einer Kontrolle durch Volksentscheid
zu unterwerfen. Anstelle eines Ministeriums für Entwicklungshilfe muß ein Bundesamt für Landschaftspflege und
Stadtkultur eingerichtet werden, das im Zusammenwirken
mit der Bundesanstalt für Arbeit zur Behebung der Arbeitslo-
sigkeit mit öffentlichen Mitteln Aufträge erteilt (z. B. Müllver-
brennungsanlagen, Landgewinnung, Aufforstung, Stadtsanie-
rung, Anlage von Freizeitgebieten usw.), die die Lebensqualität verbessern. —

„Die Natur verfährt immer so, daß sie das Geringere
dem Besseren unterordnet . . . eine Elefantenherde führt
der gewaltigste Elefant und unter den Menschen gilt das

Beste als das Größte . . . und daher waren diejenigen Völker am glücklichsten, bei denen nur der Bessere die Möglichkeit hatte, der Mächtigere zu sein . . . in einem goldenen Zeitalter liegt die Regierung in den Händen der Weisen . . ."[95]

bekennt Seneca.

Dieser Einsicht wird man sich nicht verschließen können. Übertragen auf ein demokratisches Ordnungssystem bedeutet das, daß Abgeordnete und Führungskräfte im Staat entsprechend der Bedeutung ihrer Position auch gesteigerte Amtsvoraussetzungen erfüllen müssen. Die Wirtschaft funktioniert, weil Facharbeiter, Handwerker, Ingenieure und Wissenschaftler sich durch Ausbildung und Prüfungen qualifizieren mußten.

Der Behördenbetrieb läuft geordnet ab, weil die öffentlichen Bediensteten, die nicht auf der „politischen Ebene" tätig sind, Laufbahnvoraussetzungen erfüllen müssen.

Die politische Misere, die praktisch in der ganzen Welt verbreitet ist, zeigt, daß die Macht von Nichtskönnern innegehalten wird. Es ließe sich eine europäische Elite schaffen, wenn man wahre Universitäten gründen würde, die bewährten Fachwissenschaftlern ein umfassendes Wissen, eine Wissensübersicht vermitteln könnten, wie ich sie im Ansatz zu geben versucht habe.

Anmerkungen

Unser ewiges Sein

1 Swami Prabhupada: Christus-Krischto-Krischna, S. 49, 50.

2 Wiener Tageszeitung „Der Tag" vom 2. 6. 1926.

3 Wilhelm Kammeier: Die Fälschung der Geschichte des Urchristentums, 1940. Henri Daniel-Rops: Jesus, der Heiland seiner Zeit, 1951.

4 Heinrich Ebeling, Meister Eckharts Mystik, Stuttgart 1941.

5 Erde und Mond, Bietigheim 1969.

6 Ein solcher Trichter — als Kraterrand gedeutet — wurde 1958 bei der Nordpolunterquerung vom Atom-U-Boot „Nautilus" entdeckt.

7 Die Verdickung der Erde am Südpol um ca. 20 deutsche Meilen, wie es Lorber geschildert hat, wird durch Erdaufnahmen der NASA bestätigt.

8 Eddington hat den „Radius" des Universums mit 1068 Millionen Lichtjahren angegeben: Sir James Jeans: Der wachsende Horizont, S. 24.

8a Daß sich auch die sog. Fixsterne in relativer Bewegung zueinander befinden, ist jetzt in der Wissenschaft anerkannt; vgl. Johannes Krüger: Das Weltbild der Naturwissenschaft im Wandel der Zeit, S. 109.

9 Die natürliche Sonne, Bietigheim 1956.

10 L. G. Tirala, Massenpsychosen in der Wissenschaft, Tübingen 1969, FAZ vom 18. 8. 1965; Meyers Enzyklopädisches Lexikon 1976, Band 19, S. 470.

11 Bertrand Russel, Denker des Abendlandes, 1976, S. 39, 40.

12 Lebensgeheimnisse, S. 164.

13 Schöpfungsgeheimnisse, S. 185.

14 Schöpfungsgeheimnisse, S. 159.

15 Von der Hölle bis zum Himmel, Bd. II, S. 480.

16 Das gr. Evangelium Johannes VII, 209.

17 Lebensgeheimnisse, S. 163.

18 Erde und Mond, S. 250. Wenn das gesamte Sternsystem nicht durch eine einzige Gravitationskraft zusammengehalten würde, würden sich die Sterne im Raum zerstreuen: Sir James Jeans: Der wachsende Horizont, S. 11.

19 Gr. Evangelium Johannes VII, 127.

19a Die Wissenschaft hat erkannt, daß die sog. „kosmischen Nebel" dünner sind, als das dünnste auf der Erde erzeugte Vakuum; vgl. David Bergamini, Das Weltall, S. 115.

20 Gr. Evangelium Johannes IV, 257.

21 Bischof Martin, 47.

22 Die geistige Sonne I, 60.

23 Gr. Evangelium Johannes VI, 88.
24 Schöpfungsgeheimnisse, S. 227.
25 Himmelsgaben I, 82.
26 Das Wort 1969, 336.
26a R. Murphy, Das Beste Nr. 2/78 S. 152.
27 Meyers Lexikon 1976, Bd. 7, S. 680/682.
28 Kenneth Ford: Die Welt der Elementarteilchen, Heidelberg 1966.
29 D. ter Haar: Wendepunkt in der Physik, Braunschweig 1963, 127.
30 Jean Mussard: Gott und der Zufall, Zürich 1965.
31 Jugend Jesu, 55.
32 Gr. Evangelium Johannes IV, 76.
33 Gr. Evangelium Johannes IV, 216.
34 Gr. Evangelium Johannes VIII, 29.
35 Gr. Evangelium Johannes XI, 26.
Jess Sterns, Auf der Suche nach einer Seele, Doubleday & Co.
Hier wird der tiefenhypnotische Beweis für die fortlaufende Wiederverkörperung geliefert.
36 Gr. Evangelium Johannes I, 213.
37 Die geistige Sonne I, 98; Gr. Evangelium Johannes VI, 228, X, 90.
38 Gr. Evangelium Johannes I, 221.
39 Die Jugend Jesu, 111.
40 Die natürliche Sonne, Kap. 3.

Vom Sinn des Lebens

1 John Pfeiffer, Die lebende Zelle, S. 13 ff.
2 Helene-Petrovna Blavatsky (1831—1891), Die Geheimlehre.
3 Anguttara Nikaya.
4 Vgl. Irving Oyle in: Das Beste, III/1978, S. 109.
5 Vgl. Konrad Lorenz, Die acht Todsünden der zivilisierten Menschheit, S. 64.
6 Der Schlüssel zur Theosophie.
7 Der Staat, 6/IX.
8 Der Staat, 9/XIII.
9 Der Staat, 6/II.
10 Hesiod (um 700 v. Chr.) Theogonie.
11 Euripides (480 bis 406 v. Chr.) Elektra.
12 Anaxagoras (499 bis 428 v. Chr.).
13 Sri Isopanisad, erster Mantra.
14 Trostschrift an Marcia.

15 Bhagavad-gita, XVI, 21.

16 Der Staat, 9/XIII.

17 A. C. Bhaktivedanta Swami Prabhupada, Christus, Krischto, Krsna, S. 81, 84, 85.

18 Psychologische Bemerkungen, S. 57, 58.

19 Vgl. Carl Welkisch, Der Mensch zwischen Geist und Welt.

20 Das Große Evangelium Johannes, Bd. 4, S. 76.

21 Bhagavad-gita, XVIII, 33.

22 Bhagavad-gita, XVII, 16.

23 Über die Ursache, das Prinzip und das Eine, London 1584.

Macht und Illusion

1 Svarupa Brahmacari, Die wissenschaftliche Grundlage des Krischna-Bewußtseins, S. 70.

2 v. Ditfurth, Im Anfang war der Wasserstoff, S. 47.

3 Sir James Jeans, Der wachsende Horizont, S. 11; Luis E. Navia, Das Abenteuer Universum, S. 30.

4 Meyers Enzyklopädisches Lexikon, 1976, Bd. 19, S. 470.

5 v. Ditfurth, S. 90; Manfred Pawlak, Wissenslexikon A—Z, 1978, S. 159.

6 Johannes Krüger, Das Weltbild der Naturwissenschaften im Wandel der Zeiten, S. 112.

7 Ralph E. Lapp, Die Materie, S. 155—158.

8 v. Ditfurth, S. 83.

9 Joachim Fernau, Haleluja, S. 297.

10 v. Ditfurth, S. 8—11.

11 E. Swedenborg, Die Erdkörper im Weltall, S. 39.

12 v. Ditfurth, S. 66 ff.

13 Frits W. Went, Die Pflanzen, S. 60.

14 Leonard Engel, Das Meer, S. 104.

15 J. W. Wichester, Geheimnisse des arktischen Lichts, „Das Beste", 2/78.

16 John Pfeiffer, Die lebende Zelle, S. 59, 60.

17 Ruth Moore, Die Evolution, S. 102, 103.

18 Vgl. Tabelle in Violet, Taschenbuch des Allgemeinwissens, S. 490—494.

19 Sauerstoff als häufigstes Element bildet den Bestand der äußeren Erdrinde zu 49,3 % und der Luft zu 20,8 %. Es vermag Verbindungen mit fast allen Elementen einzugehen.

20 Tao, etwa dem vedischen Paramatma, der alldurchdringenden und ordnenden göttlichen Überseele, vergleichbar.

21 K. O. Schmidt, Tschuang Tse, Lebe bewußt, S. 84.

22 Nietzsche, Also sprach Zarathustra, — Vom Lesen und Schreiben —.

23 Seneca, Aus den Briefen an Lucilius.

24 Platon, Der Staat, IX, 572.

25 Emanuel Swedenborg, Die Erdkörper im Weltall, S. 34.

26 Jakob Lorber, Das Große Evangelium Johannes, Bd. 8, S. 215.

27 Swami Prabhupada, Jenseits von Raum und Zeit, S. 50.

28 Bhagavad-gita, XVIII, 61, vergleicht den Körper mit einer „yantra" = Maschine.

29 J. Fernau, Haleluja, S. 312; in den USA werden alljährlich rund 100 000 Menschen ermordet.

30 Friedrich Schiller, Die Glocke.

31 Arthur Schopenhauer, Aphorismen zur Lebensweisheit.

32 Swami Prabhupada, Sri Isopanisad, S. 80.

33 Jakob Lorber, Das Große Evangelium Johannes, Bd. 4, S. 41.

34 Edouard Schuré, Die Großen Eingeweihten, 12. Aufl., S. 232.

35 Vgl. Konrad Lorenz, Die acht Todsünden der zivilisierten Menschheit, S. 19 ff.

36 Vgl. Herbert Gruhl, Ein Planet wird geplündert.

37 = einfach ist die Sprache der Wahrheit.

38 Platon, Der Staat, 1, XXI.

39 Platon, a.a.O., 1, XXIII.

40 Eugene H. Methurin, in: „Das Beste", Nr. 7/78, S. 137.

41 1. Moses, Kapitel 47.

42 FAZ, v. 7. 5. 1975, Bestechung gehört zum Alltag.

43 K. Lorenz, Die acht Todsünden der zivilisierten Menschheit, S. 84 ff.

44 Euripides, Die Schutzflehenden.

45 Platon, Der Staat, 5, XVIII.

Geist und Bewußtsein

1 C. G. Jung, Der Mensch und seine Symbole, S. 197.

2 Eugene H. Methvin, Gehirnchirurgie-Operation an der Seele?, „Das Beste", Juni 1979, S. 17 ff., vgl. dort Wechselwirkung der beiden Gehirnteile.

3 C. G. Jung, Der Mensch und seine Symbole, S. 160.

4 Bhagavad-gita 4, 37.

5 Bhagavad-gita 3, 17 und 3, 19.

6 Bhagavad-gita 3, 27 (Übersetzung durch Verfasser).

7 Franz Stelzenberg, Aussaat und Ernte, 2. Aufl., S. 4.

8 Siddharta Buddha (560—480 v. Chr.), Digha-Nikaya V, 279.

9 Seneca (4 v. bis 65 n. Chr.), Trostschrift an Marcia.
10 E. M. Cioran, Die verfehlte Schöpfung, S. 7—9.
11 Vgl. Max Ladner, Die Lehre des Buddha.
12 1. Mose 2 und 3.
13 Max Ladner, Die Lehre des Buddha, S. 28.
14 Koran, 4. Sure.
15 Koran, 33. Sure.
16 Koran, 43. Sure.
17 Koran, 51. Sure.
18 Sanhedrin 99a.
19 Sanhedrin 98a.
20 Mischna Sanhedrin XI, 1.
21 Mischna Sanhedrin XI, 3.
22 Taanit 2a / 2b.
23 Ketubbot 111a.
24 Ketobbot 111a.
25 Vgl. J. Rehmke / F. Schneider, Geschichte der Philosophie, S. 352 f.
26 Deutschland-Magazin, April 1979, S. 3.
27 Johannes 18, 36.
28 Offenbarung 20, 13; vgl. auch Johannes 5, 28. 29.
29 Hebräer 10, 31.
30 Christmas Humphreys, Karma und Wiedergeburt, S. 45, 46.
31 1. Mose 1, 27.
32 Vgl. Manfred Kyber, Neue Tiergeschichten, Nachruhm.
33 Bhagavad-gita 2, 30.
34 Bhagavad-gita 2, 27.
35 Tschuang-Tse (369—286 v. Chr.) in K. O. Schmidt, Lebe bewußt, S. 46,
    61, 86.
36 Johannes 4, 24.
37 Johannes 5, 17.
38 Johannes 6, 48.
39 Johannes 8, 12.
40 Johannes 14, 6.
41 Johannes 14, 27 und 16, 33.
42 Johannes 13, 34 und 13, 15.
43 Matthäus 5, 3—10.
44 Markus 16, 16.
45 Matthäus 16, 19; daß es sich hierbei um eine Fälschung handelt, ist inzwi-
    schen erkannt: Jürgen Misch, Die Elite Gottes, S. 76.
46 Alexander Scronn, General Psychologus, S. 252.
47 Goethe, Faust I.

48 R. Pörtner, Bevor die Römer kamen, S. 436—440.
49 Franz Oppenheimer, Der Staat.
50 W. Schneider, Überall ist Babylon, S. 175.
51 Meyers Lexikon, Bd. 14, S. 768.
52 D. Savramis, Jesus überlebte seine Mörder, S. 160.
53 Brockhaus, Bd. 9, S. 141; R. Wrede, Körperstrafen, S. 213 f.
54 Vgl. P. Jordan, Der Naturwissenschaftler vor der religiösen Frage, Schöpfung und Geheimnis.
55 1. Mose 3.
56 51. und 38. Psalm.
57 Römer 7, 14.
58 Römer 6, 23.
59 J. Misch, Die Elite Gottes, S. 9—41.
60 A. Fleming, Sexsignale, „Das Beste", Nr. 11 1979, S. 217 f.
61 Platon, Symposion.
62 D. Savramis, Jesus überlebt seine Mörder, S. 39—43.
63 Brockhaus Enzyklopädie 1969, Bd. 8, S. 465—467.
64 Richard Wrede, Die Körperstrafen, S. 230 ff.
65 John Rowan Wilsen, Der Geist, S. 66.
66 Readers Digest Unversallexikon, S. 136.
67 F. Nietzsche, Also sprach Zarathustra, Von den Mitleidigen (Unterstreichungen vom Verfasser).
68 F. Nietzsche, Also sprach Zarathustra, Von der Selbst-Überwindung.

Vom Wesen des Bösen

1 Also sprach Zarathustra, Vom Lesen und Schreiben.
2 So auch die Lehre des Chinesen Dschu Jän (um 300 v. Chr.) vom Jin und Jang; W. Bögcher, Kultur im alten China, S. 192.
3 Hippokrates Werke, übersetzt von R. Fuchs, 3. Bd., 51. Kapitel.
4 Belladonna — Atropin — Tollkirsche; Digitalis = Fingerhut; Strophantussamen; Arsen, Sulfonamide SO^2, NH^2 u. a. m.
5 Paracelsus (1493—1541) lehrte, daß zwischen Gift und Medizin nur ein Unterschied in Menge und Konzentration bestehe.
6 W. Dittschlag, Grundriß der Naturheilkunde 1980, S. 27, 41, 80, 81.
7 2. Mose 21/28.
8 Ch. Hinckeldey, Strafjustiz in alter Zeit, Kriminalmuseum Rothenburg ob der Tauber, 1980, S. 180.
9 In der Bhagavad-gita als das alldurchdringende Paramatma, die göttliche Überseele bezeichnet: XIII, 23.

10 In der Bhagavad-gita mit Recht als „falsches Ich" bezeichnet: z. B. XIII, 6, 7.

11 W. Busch (1832—1908), Die fromme Helene, Epilog.

12 Julius Nestler, Die Kabbala von Papus, S. 233.

13 Hans Kühner, Das Imperium der Päpste — 1977 — S. 276.

14 Niccolo Machiavelli (1469—1527), Il Principe = Der Fürst, Wiesbaden, S. 52.

15 J. W. v. Goethe (1749—1832), Faust I, Prolog.

16 K. O. Schmidt, Lebe bewußt, S. 23.

17 Mosaik, Ich sag Dir alles, S. 31.

18 F. Clark Howell, Der Mensch der Vorzeit, S. 43, 44, 55—59.

19 Alan Nourse, Der Körper, S. 44.

20 Howell aaO, S. 155—166.

21 S. N. Kramer, Die Wiege der Kultur, S. 15.

22 Arnold L. Lieber, The Lunar Effect.

23 Hier in Spanien, Nr. 27/79.

24 W. Rathenau, Von kommenden Dingen, 14. Aufl., S. 232.

25 S. N. Kramer, Die Wiege der Kultur, S. 71 (Assyrer sind seßhaft gewordene Nomaden!), Erich Schönböck, Und auf Erden Dschingis Khan, S. 287.

26 Der seßhaft gewordene Nomadenfürst Salomo soll 700 Frauen gehalten haben: 1. Könige 11, 3.

27 Oswald Spengler, Der Untergang des Abendlandes, S. 1007.

28 Werner Keller, Ost minus West = Null, S. 382 ff.

29 S. N. Kramer, Die Wiege der Kultur, S. 11 ff.

30 S. N. Kramer, aaO, S. 51.

31 S. Hoffmann / C. Grattan, Geschichte der Menschheit I, 5.

32 S. Hoffmann / C. Grattan aaO I, 5.

33 Walter B. Emery, Ägypten, S. 257 ff.; Lionel Casson, Das alte Ägypten, S. 47 ff.

34 Werner Keller, Und die Bibel hat doch recht, S. 75.

35 S. Hoffmann / C. Grattan aaO I, 30.

36 Herbert Gruhl, Ein Planet wird geplündert, S. 177.

37 Werner Dittschlag aaO, S. 59—63.

38 Hoffmann / Grattan aaO I, 5, 8.

39 L. Casson aaO, S. 42.

40 Keller aaO, S. 120, Nelson, B. Keyes, Vom Paradies bis Golgatha, S. 23.

41 1. Mose 47/11, 5. Mose 10, 22.

42 2. Mose 12, 40.

43 Hoffmann / Grattan aaO I, 9.

44 2. Mose 12, 37.

45 2. Mose 12, 27.

46 2. Mose 11; 2. Mose 12, 31—36 und 42, 43.
47 Edouard Schuré, Die großen Eingeweihten, 12. Aufl., S. 145.
48 Keller aaO, S. 126.
49 2. Mose 2, 1—10.
50 Keller aaO, S. 78.
51 5. Mose, 8, 8.
51a 2. Mose 7, 1 und 2.
51b 5. Mose 33, 29.
51c 3. Mose 19, 2.
51d 5. Mose 7, 6 und 7.
51e 2. Mose 3, 1.
52 2. Mose 13, 23.
52a 2. Mose 19, 5/6.
53 2. Mose 19, 2, 3, 12, 18, 19; 2. Mose 20, 1—19.
54 2. Mose 25—28.
55 5. Mose 28, 15—69.
56 4. Mose 20, 25—28 (zu Tarnzwecken fand dann für Aron eine 30tägige
    Volkstrauer statt: 4. Mose 20, 29).
57 2. Mose 32, 1—24.
58 Hoffmann / Grattan aaO I, 27.
59 3. Mose 8.
60 3. Mose 1—19.
61 4. Mose 1, 2.
62 4. Mose 7 und 10.
63 4. Mose 16, 17.
64 4. Mose 18.
65 3. Mose 26.
66 5. Mose 7, 16, 22, 23.
67 4. Mose 21, 35; 4. Mose 31; 5. Mose 2 und 3.
68 4. Mose 31, 15, 17—19.
69 Josua 2 und 6.
69a Nach archäologischen Funden waren die Ziegel der Mauer damals schon
    brüchig: Nelson B. Keyes, Vom Paradies bis Golgatha, S. 34.
70 2. Mose 2.
71 Goethe, Faust I.
72 Machiavelli, Der Fürst aaO, S. 71.
73 1. Mose 3, 17—19.
74 Walter Kremnitz, Ambro Lacus, Lexikon der Mythologie Ägyptens, Per-
    siens und des Orients, S. 85, 90, 91.
75 Hoffmann / Grattan aaO I, 12.
77 Der Koran, 48. Sure.

78 Erich Schönebeck, Und auf Erden Dschingis Khan, S. 128, 129.
79 und
80 Pleticha / Schönberger, Die Römer, S. 59 (Ämterlaufbahn) und 112 (Christenverfolgung).
81 Z. B. Werner Keller, Denn sie entzündeten das Licht, Geschichte der Etrusker, S. 178.
82 Hans Kühner, Das Imperium der Päpste, S. 42, 54 (Symmachus — 498—514 — versichert, er unterstehe keiner Gerichtsbarkeit).
83 Kühner aaO, S. 54; Döbler, Die Germanen, S. 203.
84 Rudolf Pörtner, Bevor die Römer kamen, S. 435.
84a Vgl. Ernst F. Jung, Sie bezwangen Rom, S. 329, 342.
85 Vgl. F. Englisch Verlag, Lexikon der Weltgeschichte, S. 93.
86 Ernst F. Jung aaO, S. 388, 389.
87 Pleticha / Schönberger aaO, S. 238.
88 5. Mose 28, 1—14.
89 Röm. 7, 24.
90 1. Kor. 5, 7.
91 Gal. 3, 13; Gal. 4, 4—5.
92 1. Kor. 15, 51; 2. Kor. 5, 10; 1. Thess. 4, 14—18.
93 Mosaik aaO, S. 381; Willi Marksen, Der Streit um die Bibel, S. 82.
94 Englisch, Lexikon der Weltgeschichte, S. 34.
95 Kirchlicher Ablaßhandel, vgl. Dudenlex. I, 17.

Die freie Gemeinschaft

1 MOSAIK, Ich sag dir alles, S. 245.
2 Dierke Weltatlas, S. 158/159.
3 Herbert Gruhl, Ein Planet wird geplündert, S. 84—86.
4 Oswald Spengler, Der Untergang des Abendlandes, 47. Aufl., S. 1147.
5 Spengler aaO, S. 1152.
6 Spengler aaO, S. 1153.
7 Gruhl aaO, S. 87.
8 Pizner, DAS BESTE 2/80, S. 48, Cellesche Zeitung v. 15. 3. 80, S. 48.
9 vgl. Joachim Fernau, Halleluja S. 302 ff.
10 Konrad Lorenz, Die acht Todsünden der zivilisierten Menschheit, S. 107, für die selbstverschuldete Not in Indien, z. B. A. Emmert, Programmierte Zukunft, S. 13 ff.
10a Gerhard Müller, Überstaatliche Machtpolitik im 20. Jahrhundert, S. 211, 247; Süddeutsche Zeitung Nr. 33 v. 7. 2. 1963.
11 W. Flex, Wolf Eschenlohr, S. 26.

12 O. Spengler aaO, S. 747.
13 Shakespeare, König Lear, 4. Aufzug, 2. Szene.
14 Bodo Zimmermann, Die Soldatenfibel, 10. Aufl., S. 9.
15 Prof. v. Leers, Reichsverräter, S. 87; J. v. Ribbentrop, Zwischen London und Moskau, S. 220.
16 Fabian v. Schlabrendorff, Offiziere gegen Hitler, S. 38, 129, Colvin, Master Spy, S. 148.
17 Karl Balzer, Sabotage gegen Deutschland, S. 324 ff.; Prinz zu Schaumburg-Lippe, Damals fing das Neue an, S. 227; Prof. Dr. Friedrich Grimm, Mit offenem Visier, S. 246; David Irving, Die Geheimwaffen des Dritten Reiches, S. 8 ff.
18 Wolf Lindner, Im Netz der Fünfzack-Spinne, S. 29, 30.
19 Rudolf Pörtner, Bevor die Römer kamen, S. 385.
20 Pörtner aaO, S. 389.
21 Döbler, Die Germanen, S. 93, 103, 104; Ernst F. Jung, Sie bezwangen Rom, S. 40.
22 Werner Keller, Denn sie entzündeten das Licht, S. 13.
23 Tacitus, Germania, Kapitel 4, 18, 19, 8, 15, 2.
24 Tacitus aaO 7.
25 Tacitus aaO 15.
26 Tacitus aaO 7.
27 Tacitus aaO 11.
28 Tacitus aaO 12.
29 Tacitus aaO 16.
30 Tacitus aaO 26.
31 Tacitus aaO, S. 35.
32 Pörtner, Bevor die Römer kamen, S. 436.
33 Paul Werner, Leben und Liebe im alten Griechenland, S. 101.
34 Pörtner aaO, S. 440.
35 Döbler, Die Germanen, S. 163, 164.
35a Tacitus aaO 44.
36 Englisch, Lexikon der Weltgeschichte, S. 524.
37 Ernst F. Jung, Sie bezwangen Rom, S. 287—335.
37 Sueten (70—150 n. Chr.), Leben der Caesaren.
38 Marcus E. Ravage, The Century Magazine 1928, Nr. 3, S. 349; Hans Kühner, Das Imperium der Päpste, S. 26—37: von 69—313 n. Chr. wurden 26 Kaiser, aber kein Papst umgebracht.
39 Jung aaO.
39a Vgl. z. B. Tacitus aaO 33 und 42: „Zur Augenweide" der Römer vernichteten sich über 60 000 Krieger der Tenkterer und Brukterer gegenseitig; Döbler aaO S. 201; der von den Römern gekaufte Markomannenkönig

Marbod ließ — wie im Relief auf der Marc-Aurel-Säule dargestellt — unter Aufsicht römischer Legionäre Massenenthauptungen von Germanen durch Germanen vornehmen, Hans Riehl, Die Völkerwanderung, S. 23 ff.

40 Ulrich Kraiss, Stuttgart 1940, Kleine Geschichten aus dem alten Rom, S. 26.

40a Joachim Fernau, Deutschland, Deutschland, über alles, S. 12.

41 Bhagavad-Gita 14, 5 (Übersetzung vom Verfasser).

42 Bhagavad-Gita 14, 6 (Übersetzung vom Verfasser).

43 Bhagavad-Gita 14, 7 (Übersetzung vom Verfasser).

44 Bhagavad-Gita 14, 8 (Übersetzung vom Verfasser).

45 Platon, Der Staat 9, VII—VIII.

46 Vgl. Gaius Julius Caesar, Der Bürgerkrieg, Plutarch, Caesar, 47, 58.

47 F. Englisch, Lexikon der Weltgeschichte, S. 379.

48 Theodor Mommsen, Gaius Julius Caesar, Ein vollendeter Staatsmann, 1940, S. 145 ff.; Napoleonische Gebietsaufteilungen in Departements, Arrondissements und Kantone, Code Civil, Schaffung der Bank von Frankreich, der Rechnungsprüfungsgendarmerie, des Grundbuchwesens, des Staatsrats als Verfassungs- und Petitionsorgan usw. — Beide Herrscher haben im wahrsten Sinne neue Maßstäbe gesetzt: Caesar durch die Einführung des 365tägigen Sonnenjahres (Julianischer Kalender), Sueton Caesar 40, Plutarch, Caesar 59 und Napoleon durch die Festlegung des Meters und des Kilogramms, DAS BESTE Nr. 8, 1980, S. 76.

49 Machiavelli/Bahner, S. 97.

50 Mommsen aaO, S. 132; Caesar war 62 n. Chr. mit 25 Millionen Sesterzen überschuldet; Hoffmann/Grattan aaO II, 226: Als Napoleon als junger General eine halbverhungerte Truppe übernahm, sagte er: „Soldaten! Ihr seid unbekleidet, schlecht genährt, die Regierung schuldet euch viel, aber sie kann euch nichts geben . . . Ich will euch in die fruchtbarste Ebene der Welt führen . . . dort werdet ihr Ehre, Nutzen und Reichtum finden." — Der Wohlstand seiner Soldaten bedeutete Napoleon mehr, als eigener Reichtum —.

51 H. Driesch, Philosophische Forschungswege, S. 87; Der Bolschewist Lunatscharsky bezeichnet den marxistischen Sozialismus als große fünfte Religion (!), die aus dem Alten Testament hervorgegangen sei.

52 Plutarch, Alexander 71, 72, 75: Alexander d. Gr. (356—323 v. Chr.) war ohne Konzept einer neuen Ordnung nach Asien aufgebrochen. Sein Reich zerfiel mit seinem Tode. Kurz vor seinem Ende war er von Ängsten und Wahnvorstellungen erfüllt und ersetzte seine griechische Leibwache durch Perser. Um den Schmerz über den Verlust seines Lieblings Hephaiston zu betäuben, der an einer fieberhaften Erkrankung gestorben war,

ließ er den betreffenden Arzt kreuzigen und alle kriegstüchtigen Männer der Kossaier abschlachten.

53 Machiavelli aaO, S. 46.

54 Möricke, Griechische Lyrik, S. 59.

55 Herodot I, 199.

56 Wolf Schneider, Überall ist Babylon, S. 82.

56a A. Emmert, Prgrammierte Zukunft, S. 357.

57 Streuber, Der Zinsfuß bei den Römern, Basel, S. 10; Spengler aaO, S. 1153.

58 Mommsen aaO, S. 148; Streuber aaO, S. 116.

59 Plechita/Schönberger, Die Römer, S. 168.

59a Emmert aaO, S. 328.

60 Streuber aaO, S. 9/10; Mommsen aaO, S. 150 ff.

61 R. Löwit, Große Männer der Weltgeschichte, S. 301; Hoffmann/Grattan II 120, Spengler aaO, S. 1153, Englisch aaO, S. 194/195.

62 St. Zweig, Sternstunden der Menschheit, S. 19; 1981 haben Baron Guy de Rothschild Frankreich und Evelyn Rothschild England verlassen: Hier in Spanien Nr. 34/81.

63 Heinz Scholl, Die Scheindemokratie, S. 43—45; Gary Allen, Die Insider, S. 130.

64 Nation Europa 11/68.

65 Prof. Dr. Friedrich Grimm, Politische Justiz, S. 146.

65a Vgl. Gerhard Opitz, Krieg in fünf Dimensionen, in MUT Mai 70.

66 Martin Luther, An die Pfarhern, wider den Wucher zu predigen, Wittenberg 1540, S. 93, 147.

67 Spengler aaO, S. 1153.

68 Vgl. R. J. Barnet/R. E. Müller, Die Krisenmacher (hier wird der Versuch unternommen, die multinationalen Konzerne für die von der Hochfinanz verursachten Krisen verantwortlich zu machen).

69 Vgl. J. Fernau, Halleluja, S. 243 ff.; Curtis B. Dall, Amerikas Kriegspolitik, S. 273 ff.

Die natürliche Ordnung

1 Ralph E. Lapp, Die Materie S. 75.

2 S. N. Kramer, Die Wiege der Kultur S. 33.

3 Döbler, Die Germanen S. 292.

4 S. N. Kramer aaO., S. 35.

5 Döbler aaO., S. 132.

6 Sueton, Leben der Caesaren, Gaius Julius Caesar 6.

7 Duden-Lex I, 102.

8 Diodoros (1. Jahrhundert v. Chr.) Weltgeschichte III 55 schildert z. B. den Gott Horus als ägyptischen Urkönig.

9 Homer Ilias 1. Gesang 8.

10 Apollodoros, Über die Götter I 37.

11 Vgl. Joan Grant/Denys Kelsy, Wiedergeburt und Heilung S. 320.

12 Vgl. Kurt Allgeier, Du hast schon einmal gelebt, zum tiefenhypnotischen Nachweis der Reinkarnation m. w. N.

13 Platon, Der Staat XX—XXI; Pleticha/Schönberger, Die Römer S. 326 f; Döbler, Die Germanen S. 143—146.

14 K. Heußner, Heiland Jesus von Nazareth S. 7.

15 Matthäus 5, 44.

16 Schiller, Don Carlos 3. Akt, 10. Auftritt.

17 Markus 16, 16.

17a Goethe, Faust II, 2. Akt.

18 Windelband/Heimsoeth, Lehrbuch der Geschichte der Philosophie S. 301 f.

19 Walther Rathenau, Reflexionen, 1908 Verl. S. Hirzel S. 3, 12.

20 Windelband aaO. S. 153.

21 Johannes 1, 14.

22 Man denke an die göttlichen Orders: „. . . sollst du nichts leben lassen, was Odem hat . . ." (5. Mos. 20, 16) „. . . töte Mann und Frau, Kinder und Säuglinge" (1. Sam. 15, 3) — „Der moralische Charakter dieses Gottes muß notwendigerweise das Verhalten derer bestimmen, die ihn anbeten" (D'Horbach, Religionskritische Schriften S. 117) —.

23 Oswald Spengler, Der Untergang des Abendlandes 47. Aufl. S. 834: Marcion spricht von einem „teuflichen Buch".

24 Johannes 8, 44.

25 Kurt M. Jung, Weltgeschichte S. 209, 210; Spengler aaO. S. 837 ff.

26 Lukas 12, 51—53.

27 5. Mose 20, 11.

28 Jes., 60, 12.

29 Kurt M. Jung aaO. S. 305.

30 F. Englisch, Lexikon der Weltgeschichte S. 234.

31 Kurt M. Jung aaO. S. 307; Englisch aaO. S. 323.

32 Röm. 13, 1, seit dem 8. Jahrhundert ist das „Gottesgnadentum" nachweisbar (Duden-Lex II, S. 875).

33 Die Lex Baiuvariorum (8. Jahrhundert) bedrohte z. B. in Tit. VIII Ziffer 8, 9 die Unzucht eines Freien mit einer Freien mit einer Buße von 12 Schillingen und die eines Unfreien mit dem Tode (Ch. Hinckeldey, Strafjustiz in alter Zeit, Rothenburg o. d. T. S. 51).

34 Hans Kühner, Das Imperium der Päpste S. 95, 96.

35 Kühner aaO., S. 144: Lieblingsausspruch: „Verflucht, wer sein Schwert reinhält vom Blut."

36 Rudolph Wahl, Der Gang nach Kanossa, S. 146 f, 185 f, 115.

37 Wahl aaO., S. 289.

38 Ch. Hinckeldey aaO., S. 15.

39 Theodor Mommsen, Gaius Julius Caesar, S. 120.

40 Sybil Gräfin Schönfeldt, Kulturgeschichte des Herrn, S. 136.

41 DAS BESTE, Aus der Steinzeit in den Weltraum, S. 247.

42 Die Kriegerkaste, die praktisch keiner Gerichtsbarkeit unterworfen war, konnte ungestraft Verbrechen aller Art ausüben (William Seagle, Weltgeschichte des Rechts, S. 130 f), auf die — z. B. bei Raub nach Art. 126 der Constitutio Criminalis Carolina v. 1532 — sonst die Todesstrafe stand.

43 Ernst F. Jung, Sie bezwangen Rom, S. 199.

44 Mosaik, Ich sag dir alles, S. 98.

45 Pleticha/Schönberger, Die Römer, S. 16, 17, 400, 401: Die Patrizier stellten auf Lebzeit die gesetzgebende Körperschaft (300 Senatoren); die Volksversammlungen (Centuriats- und Tributcomitien) wählten aus den Reihen der Patrizier jeweils für 1 Jahr die leitenden Staatsbeamten (2 Consuln, 6—8 Praetoren, Aedilen, Questoren und Censoren) und aus den Reihen der Plebejer Volksaedilen (Polizeioffiziere) und Tribunen (urspr. Wahlleiter, später höhere Beamten und Stabsoffiziere).

46 Pleticha/Schönberger aaO., S. 219: Die römischen Legionäre waren ursprünglich zumeist Kleinbauern.

47 Kurt M. Jung aaO., S. 649.

48 Kühner aaO., S. 368, 369, 382: am 8. 12. 1854 von der unbefleckten Empfängnis; am 18. 7. 1870 von der Unfehlbarkeit der Päpste; am 1. 11. 1950 von der leiblichen Himmelfahrt Marias.

49 Barockmusik; klassische Dichtung: Philosophie des deutschen Idealismus; die alle Kunstgebiete beeinflussende europäische Romantik.

50 Mosaik aaO., S. 245: Deutsches Reich von 24,8 auf 56,4 Millionen; Frankreich von 28,2 auf 40,7 Millionen; Großbritannien von 15,7 auf 38,2 Millionen; Spanien von 10,5 auf 18,6 Millionen.

51 Allein in Deutschland wuchs die Stadtbevölkerung von 1875 bis 1955 um 15 Millionen: Wolf Schneider, Überall ist Babylon, S. 368.

51a Das Pro-Kopf-Einkommen im Deutschen Reich lag 1913 bei 766 Mk und 1932 bei 696 RM p. a. (Schlag nach 1939 S. 280).

51b Etwa bis Mitte der 30er Jahre dieses Jahrhunderts waren bei vielen städtischen Bürgerhäusern am Haupteingang Schilder mit der Aufschrift: „Aufgang nur für Herrschaften; für Dienstboten ist der Hintereingang vorgeschrieben" u. ä.

52 F. Englisch, Lexikon der Weltgeschichte, S. 303.

53 Schlag nach 1939 S. 84.

53a Das BESTE, Aus der Steinzeit in den Weltraum, S. 448.

54 Werner Keller, Ost minus West = Null, S. 269.

55 Keller aaO., S. 268.

56 O. Spengler aaO., S. 1192.

57 Der Bolschewismus ist „die furchtbare Waffe, mit dem . . . dem deutschen
    Menschen den endgültigen Todesstoß zu versetzen gedenkt" (Mensch und
    Maß v. 9. 11. 70, S. 964).

58 Vgl. Gary Allen, Die Insider, Wiesbaden 1974 S. 102; W. Keller aaO., S.
    284 ff. (Kriegsmaterial für 10,8 Milliarden Dollar) S. 339 (Kenntnisse zur
    Herstellung der A-Bombe).

59 Mosaik aaO., S. 445 (AP New York, dpa Hamburg, Reuter London).

60 Mosaik S. 443, 444.

61 Gerhard Müller, Überstaatliche Machtpolitik, S. 222; Rudolf Stratz, Der
    Weltkrieg S. 10—15: 2/3 der Weltbevölkerung wurden gegen die Mittel-
    mächte in den Krieg getrieben; Schlag nach 1939 S. 604: Deutschen und
    verbündeten Truppen von 24,25 Millionen Mann standen (1914—1918) al-
    liierte Streitkräfte von 42,95 Millionen Mann gegenüber.

62 Christmas Hamphreys, Rascher Verlag, Karma und Wiedergeburt S. 69, 70

62a Der am 28. 6. 1919 unterzeichnete Friedensvertrag beinhaltete u. a. die
    Abtretung von Gebieten mit überwiegend deutschsprachiger Bevölke-
    rung an Frankreich, Belgien und Dänemark und die neu geschaffenen
    Staaten Litauen, Polen und Tschechoslowakei von zusammen 70 587
    qkm, die Internationalisierung der deutschen Ströme und des deutschen
    Luftraumes, Reparationsleistungen, die sich schon von 1918 bis 1931 auf
    67,7 Milliarden Goldmark belaufen hatten und die bis 1987 andauern soll-
    ten (Yougplan), Verbot der allgemeinen Wehrpflicht und moderner Waf-
    fen, Truppenbeschränkung auf 100 000 Mann, Abtretung von Kolonialge-
    bieten mit einer Gesamtfläche von 2 952 900 qkm (Schlag nach 1939 S.
    614—616), die durch Bodenkultur und Erschließungsmaßnahmen einen
    Wert von über 50 Milliarden Goldmark hatten (Kurd Schwabe/Paul
    Leutwein, Die Deutschen Kolonien, Jubiläumsausgabe Einf. VII) — Als
    Folge der Niederlage nach dem 2. Weltkrieg vereinbarten die Alliierten
    am 2. 8. 1945 in Potsdam als weitere Amputation Reichgebietsabtretun-
    gen von zusammen 139 000 qkm mit reindeutscher Bevölkerung und die
    Aufteilung des Restgebietes in 4 Besatzungszonen. Allein bei der „Aus-
    siedlung" wurden rd. 2,4 Millionen Deutsche ermordet (Bernhard C.
    Wintzek, Unserer Väter waren keine Verbrecher, S. 95). Die Einäsche-
    rung der deutschen Städte durch angloamerikanische Bomber führte zum
    Tod von über 2 Millionen Zivilisten (Die TAT v. 19. Jan. 1955). Etwa 0,5

131

Millionen deutscher Soldaten wurden in Rußland von Partisanen ermordet (Erich Kern, Verbrechen am deutschen Volk, S. 131).

63 Mecklenburgisches Logenblatt 1917, Brüder helft, es bricht die Front, S. 28, 29, 163; Wintzek aaO., S. 18 ff.

64 Udo Walendy, Wahrheit für Deutschland, S. 362.

65 Rudolf Stratz aaO., S. 11, 12: am 29. 7. 1914 befahl der Zar auf Drängen der Militärs die Teil- und am 30. 7. 1914 die volle Mobilmachung trotz der Friedensbeschwörungen des Kaisers, der am 1. 8. 1914, 17 Uhr, die Mobilmachung anordnete, um nicht schon dem ersten Ansturm zu erliegen — Udo Walendy aaO., S. 422—430: Unter dem Eindruck deutscher Truppenbewegungen, mit denen Polen „verhandlungsbereit" gemacht werden sollte, machte Polen am 29. 8. 39, 16 Uhr, mobil. Verhandlungen wurden hintertrieben. Noch am 2. 9. 39 wiederholte die Reichsregierung den Vorschlag, sich mit Danzig und der exterritorialen Verbindung zu begnügen, der von der britischen Regierung nicht akzeptiert wurde. — Wintzek aaO., S. 51—53: Als das Reich am 22. Juni 1941 Rußland mit 120 Divisionen angriff, standen dort Truppen in Stärke von 200 Divisionen bereit.

66 Plutarch, Alexander 15, 18.

67 Plutarch, Caesar 42.

68 Hoffman/Grattan, Geschichte der Menschheit II S. 169.

69 O. Spengler aaO., S. 1167; vgl. für die Macht der Großbankiers: Andre Kostolany, Bankiers in Capital 6/81 S. 81 ff; FAZ v. 7. 5. 1975, Bestechung gehört zum Alltag; J. Fernau, Halleluja S. 183: Der Bankier J. P. Morgang hätte einen doppelt so hohen Scheck ausstellen können, wie der deutsche Kaiser;
HIER in Spanien, Nr. 40/81: Für seine Wahl zum Gouverneur von Virginia gab John D. Rockefeller 12 Millionen Dollar aus; Th. Mommsen aaO., S. 126: Das Amt eines römischen Konsuls „kostete" ausgangs der Republik „nur" 10 Millionen Sesterzen.

70 O. Spengler aaO., S. 1155; Aristoteles (384—322 v. Chr.) meint: „. . . so ist der Wucher mit vollstem Recht verhaßt, weil das Geld . . . nicht dazu gebraucht wird, wozu es erfunden ward. Denn für den Warenaustausch entstand es; der Zins aber macht aus Geld mehr Geld . . . so daß von allen Erwerbszweigen dieser der naturwidrigste ist . . ." (De Republica lib. I c 10).

71 Vgl. Karl Marx, Konjunktur und Krisen in Kröner, Ökonomische Schriften S. 229 ff.

71a Fritz Schwarz, Morgan, der ungekrönte König der Welt, Bern 1933 S. 16—21, 30—41.

72 Karl Marx, Das Kapital, 7. Aufl., S. 682.

72a Allein in die BRD kamen 1979 51 431 und 1980 über 100 000 Asylanten (Wirtschaftsspiegel der Allianz 8/80).

72b Entmachtung der Weißen in Rhodesien zugunsten von Guerillaführern; selbst in der UdSSR werden die in moslemischen Gebieten ansässigen Russen gegenüber den sich stark vermehrenden Turkvölkern wirtschaftlich und ausbildungsmäßig zurückgesetzt (Nancy Lubin, Wird der Islam den Russen gefährlich? DAS BESTE März 81, S. 43).

72c Seit 1945 haben 127 militärische Konflikte mit zusammen 32 Millionen Toten stattgefunden (HIER in Spanien Nr. 43/81).

73 Vgl. Cellesche Zeitung v. 12. Febr. 82 und 27. März 82, für die katastrophale Einkommenslage der Landwirte.

74 Cellesche Zeitung v. 26. 5. 79, 21. 3. 81 und 19. 5. 1981; Postmagazin vom 15. 11. 1981, S. 43: 1980 wurden 64 000 der 123 000 öffentlichen Fernsprecher der BRD mutwillig beschädigt oder zerstört.

75 DAS BESTE Nr. 2/80, S. 172 ff.

76 Cellesche Zeitung v. 5. 2. 82.

77 Vgl. Kurt M. Jung aaO., S. 22 („Venus von Willendorf"); Andre Marlaux, Stimme der Stille, S. 522, 523.

78 Marlaux aaO., S. 516, 517; John Rowan Wilsen, Der Geist, S. 136—151.

79 In der Stockholmer Galerie Christine wurden Anfang der 60er Jahre 5 von dem Schimpansen Pierre Brassau gefertigte Bilder ausgehängt und unter den Nummern 18—22 im Katalog aufgenommen.

80 Vgl. für die durch expressionistische Musik verursachten psychischen Störungen z. B.: Telegraf v. 11. und 30. 12. 1956; 19. 7., 21. 9. 57; 27. 2., 10. 4., 12. 4., 21. 9. und 28. 10. 1958; Morgenpost v. 4. 11. 1958, 9. 6. 1964 und 12. 9. 1965; BZ v. 9. 9. 1963; WELT v. 4. 5. 1965; Cellesche Zeitung v. 30. 7. 1967, 23. 5. 1972 und 15. 7. 1980; vgl. andererseits für die Wirkung guter Musik: Cellesche Zeitung v. 18. 11. 1976, Gesund durch Musik.

81 Pythagoras (580—500 v. Chr.) wies nach, daß Harmonie auf mathematischer Gesetzmäßigkeit beruht (Jacob Bronowski, Der Aufstieg des Menschen, S. 155 ff).

82 „Wer die Unterleibsfunktionen . . . reguliert, hat Einfluß auf den ganzen Körper . . . man braucht nur . . . den nötigen Anreiz zu geben und das entfesselte Geschlecht entkräftet sich im Rausch" (Arthur Landsberger, Die Insel der Bessenen, S. 94). Die Berufung auf die Sittenwidrigkeit eines „Verleihvertrages" für pornographische Filme sei treuwidrig, meint der BGH (NJW 1981, 1439); dem ersten pornographischen Film, Ich bin ein Elefant, Madame, verlieh der damalige BdJ 1969 den Goldenen Bären; die „St. Pauli Nachrichten" wurden von der SPD-Auerdruck GmbH gedruckt (R. Neundorf, Stuttgart, Scylla und Charybdis S. 8).

83 Telegraf v. 16. 3. 58: Fernsehkrankheit in Kanada; Freundin Nr. 9 v. 16. 4. 63: Flacker-Epilepsie durch Fernsehen; Cellesche Zeitung v. 22. 4. 1970 und 7 TAGE Nr. 11 v. 16. 3. 1974: Mordtaten Jugendlicher unter dem un-

mittelbaren Eindruck von Fernsehsendungen — Die der deutschen Jugend immer wieder vor Augen geführte Wildwestromantik ist eine Desinformation. Tatsächlich beruht die US-Tradition auf der Ausrottung der Urbevölkerung (vgl. J. Fernau, Halleluja, S. 40 ff.). So beschloß z. B. die Assembly von Neu England 1703, für jeden Indianerskalp eine Prämie von 40 Pfund Sterling auszusetzen; in Massachusetts-Bay betrug die Prämie für jeden Indianerskalp 1744 sogar 105 Pfund Sterling (Karl Marx, Das Kapital, 7. Aufl., S. 681, 682). Zwischen 1820 und 1889 wurden in den USA rd. 60 Millionen Büffel geschossen, um die Indianer dem Hungertode preiszugeben (Peter Farb, Die Ökologie, S. 158, 159).

84 Ernst Jünger, Auserwählte Erzählungen, Auf den Marmorklippen, S. 178.

85 Platon, Der Staat, 4 III.

86 R. Hamann, Die Autorität des Rechts, DRiZ 1970, S. 194.

87 Abschaffung der Todesstrafe selbst für Triebtäter; Beurlaubungen während des Strafvollzuges trotz spontaner Fortsetzung von Delikten durch viele Urlauber; vorzeitige Entlassung aus der Haft, obwohl 70 % in solchen Fällen wieder straffällig werden (Das Neue Blatt Nr. 48/79, S. 10); Ausdehnung der Resozialisierungsidee auch auf Gewohnheitsverbrecher, obwohl die Erfolgsaussicht nach den Ergebnissen wissenschaftlicher Experimente bei nur 5 % liegt (Eugene H. Methrin, DAS BESTE Nr. 7/78, S. 137 ff); Praktizierung der sogenannten „Freiheit" in den Haftanstalten mit dem Ergebnis eines Chaos (STERN Nr. 44/79, 20 ff).

88 Die Medien fixieren die Bevölkerung auf die Rauschgiftopfer und die gefährdete Jugend, die es aufzuklären und zu rehabilitieren gelte, lenken dadurch von dem gangsterhaften Täter ab (vgl. STERN Nr. 22/80, S. 30; Cellesche Zeitung v. 8. 10. 79). DAS BESTE Nr. 4/80, S. 186 ff: In New York begünstigen sogar bestochene Justiz- und Polizeibedienstete den Rauschgifthandel.

89 Vgl., für die zentrale Lenkung des weltweiten Terrorismus: Claire Sterlin, The Terror Network.

90 Mosaik, Ich sag dir alles, S. 226, 237, 238.

91 Vgl. Herbert Gruhl, Ein Planet wird geplündert, DAS BESTE Nr. 4/80, S. 137: In den USA werden jährlich 65—90 Millionen z. T. hochentwickelte und edle Tiere Opfer qualvoller Tierversuche; MUT Nr. 170 v. Okt. 81, S. 8 ff.; Schändung der Tiere u. a. durch entsetzliche Schmerztets.

92 Daß Tiere schon durch ihre Gegenwart Depressionen beseitigen und Herz- und Kreislaufstörungen bessern können, ist erwiesen (D. Beyersdorff, DAS NEUE Blatt Nr. 52/81 S. 18).

93 MUT Nr. 172 Dez. 81, S. 43, 44.

94 „Evolutionary Catechism 2 in Instanration Nr. 4 März 1977, zitiert in Neue Anthropologie Nr. 3/1979, S. 69: „Durch Rassenmischung wird der

Gesamtbestand an untüchtigen, überdeckten Erbanlagen erhöht . . .
Wenn die stammesgeschichtliche Höherentwicklung ihren Fortgang nehmen soll, bedarf es dazu einer relativen genetischen Isolation . . ."

95 Seneca, Epistulae morales ad Lucium Nr. 90.

Personen- und Sachregister